Lang-Becker

J.S. Bach · Die Brandenburgischen Konzerte

MEISTERWERKE DER MUSIK

WERKMONOGRAPHIEN ZUR MUSIKGESCHICHTE

Begründet von
ERNST LUDWIG WAELTNER †

Herausgegeben von STEFAN KUNZE

unter Mitarbeit von GABRIELE MEYER

Heft 51

ELKE LANG-BECKER

# JOHANN SEBASTIAN BACH

## DIE BRANDENBURGISCHEN KONZERTE

WILHELM FINK VERLAG MÜNCHEN

CIP-Titelaufnahme der Deutschen Bibliothek

**Lang-Becker, Elke:**
Johann Sebastian Bach, Die Brandenburgischen Konzerte /
Elke Lang-Becker. - München. Fink, 1990
(Meisterwerke der Musik, H. 51)
ISBN 3-7705-2541-8
NE: GT

ISBN 3-7705-2541-8

Satz: Compotext, München
Herstellung: Ferdinand Schöningh GmbH, Paderborn

# INHALTSVERZEICHNIS

# ENTSTEHUNGSGESCHICHTE UND QUELLENLAGE

Johann Sebastian Bach widmete am 24. März 1721 dem Markgrafen Christian Ludwig von Brandenburg (1677–1734) eine Partitur mit sechs Konzerten, die er als „Konzerte mit verschiedenen Instrumenten" bezeichnete: „Six Concerts / Avec plusieurs Instruments / Dediées / A Son Altesse Royalle / Monseigneur / Cretien Louis / Marggraf de Brandenbourg etc: etc: etc: / par / Son tres-humble & tres obeissant Serviteur / Jean Sebastien Bach, / Maitre de Chapelle de S.A.S. le / Prince regnant d'Anhalt-Coethen.

Der Widmungstext lautet:

„A Son Altesse Royalle / Monseigneur / Crétien Louis / Marggraf de Brandenbourg etc: etc: etc: / Monseigneur. / Comme j'eus il y a une couple d'années, le bonheur de me faire entendre à Votre Altesse Royalle, en vertu de ses ordres, & que je remarquai alors, qu'elle prennoit quelque plaisir aux petits talents que le Ciel m'a donnés pour la Musique, & qu'en prennant Conge de Votre Altesse Royalle, Elle voulut bien me faire l'honneur de me commander de Lui envoyer quelques pieces de ma Composition: J'ai donc selon ses tres gracieux ordres, pris la liberté de rendre mes tres-humbles devoirs à Votre Altesse Royalle, par les presents Concerts, que j'ai accomodés à plusieurs Instruments; La priant tres-humblement de ne vouloir pas juger leur imperfection, a la rigeur du gout fin et delicat, que tout le monde sçait qu'elle a pour les piéces musicales; mais de tirer plutot en benigne Consideration, le profond respect, & la tres-humble obéissance que je tache a Lui temoigner par là. Pour le reste, Monseigneur, je supplie tres humblement Votre Altesse Royalle, d'avoir la bonté de continüer ses bonnes graces envers moi et d'être persuadée que je n'ai rien tant a coeur, que de pouvoir etre employé en des occasions plus dignes d'Elle et de son service, moi qui suis avec un zele sans pareil / Monseigneur / De Votre Altesse Royalle / Le tres humble & tres obeissant Serviteur Jean Sebastien Bach Coethen, d. 24 Mar 1721."

Übersetzung: „Da ich vor einigen Jahren das Glück hatte, mich auf Ihren Befehl vor Eurer Königlichen Hoheit hören zu lassen, und da ich dabei bemerkte, daß Sie einigen Gefallen an den kleinen Gaben fand, die mir der Himmel für die Musik verliehen hat, und da Eure Königliche Hoheit beim Abschied mich mit dem Auftrag zu beehren beliebte, Ihr einige Stücke meiner Komposition zu übersenden: so habe ich mir nach Ihrem allergnädigsten Auftrag die Freiheit genommen, Eurer Königlichen Hoheit meine sehr ergebenen Aufwartungen mit den vorliegenden Konzerten zu machen, die ich für mehrere Instrumente eingerichtet habe; ich bitte Sie sehr ergeben, ihre Unvollkommenheit nicht mit der Strenge Ihres jedermann bekannten feinen und erlesenen Geschmacks für Musikstücke zu beurteilen, sondern allergnädigst den tiefen Respekt und den alleruntertänigsten Gehorsam anzuerkennen, den ich Ihr hiermit erweisen will. Schließlich bitte ich Eure Königliche Hoheit untertänigst in Ihrer Gnade gegen mich fortzufahren und davon überzeugt zu sein, daß mir nichts mehr am Herzen liegt als Ihr in würdigeren Gelegenheiten zu Diensten sein zu können, ich, der ich mit unvergleichlichem Eifer Ihrer Königlichen Hoheit sehr ergebener und sehr gehorsamer Diener Johann Sebastian Bach bin."

Seit Ph. Spitta in seiner Bach-Biographie (1873–80) die Werke als „Brandenburgische Konzerte" bezeichnete, behielten sie diesen Titel. Die Widmungspartitur ist die einzige Quelle, die alle sechs Konzerte in einem Band vereinigt. Bach hat sie in seiner eindrucksvollen Handschrift selbst geschrieben. Dennoch enthält sie zahlreiche Schreibfehler und Korrekturen, ebenfalls von seiner Hand, die sie als Reinschrift nach Vorlagen ausweist. Es gilt als sicher, daß keines der sechs Konzerte im Widmungsjahr 1721 entstanden ist, sondern daß sich die Komposition einer so umfangreichen Reihe über mehrere Jahre erstreckte, und daß Bach diese sechs Werke für den Markgrafen aus einem Fundus ausgewählt, zusammengestellt und zum Teil überarbeitet hat. Dafür sprechen die in jedem Konzert verschiedene Besetzung, die stilistischen Unterschiede und die Tatsache, daß mehrere Einzelabschriften, aber nur eine Gesamtquelle existieren. Für die Datierung stellen sich erhebliche Probleme, für die bisher in verschiedenen Ansätzen eine Lösung gesucht wurde, ohne jedoch endgültige Klarheit zu bringen. Diese Ansätze wurzeln in biographischen Vorgängen, im Zusammenhang mit Aufführungen, in stilkritischen Untersuchungen und in der Kenntnis datierter Autographe.

Die Widmung besagt, daß Bach vor einiger Zeit – „il y a une couple d'années" soll wohl „vor ein paar Jahren" bedeuten (die

Übersetzung ins Französische besorgte wahrscheinlich der Köthener Pagenhofmeister J.F. de Monjou) – dem Markgrafen zu dessen Wohlgefallen vorgespielt hat, so daß dieser ihn beim Abschied bat, ihm Stücke zu schicken. 1721 entledigte sich Bach, Kapellmeister des Fürsten Leopold von Anhalt-Koethen, dieser Aufgabe. Es ist ungeklärt, wann Bach mit dem Markgrafen zusammengetroffen war. Ph. Spittas Feststellung, daß sich der Fürst 1718 mit seinem Kapellmeister und sechs Musikern in Karlsbad aufhielt [Band 2, S. 985], löste die seither in der Bach-Literatur festgehaltene, jedoch nirgends bestätigte Vermutung aus, dort habe die Begegnung mit dem Markgrafen stattgefunden. H. Besseler [NBA VII,2 Kritischer Bericht, S. 17 und Bach-Jahrbuch 1956, S. 18–35] setzte Überlegungen F. Smends [S. 16–22] folgend, als Ort der Begegnung das Königliche Schloß in Berlin fest, wo der Markgraf wohnte und eine Kapelle unterhielt: „Man darf annehmen, daß er seit 1713 als die wichtigste Figur im Berliner Musikleben betrachtet wurde. Damals löste der neue König Friedrich Wilhelm I (1713–40) die Preußische Hofkapelle auf. Einige Musiker hat vermutlich der Markgraf in seine Kapelle übernommen. Andere gingen zu Fürst Leopold nach Köthen, wo seit 1716 fünf preußische ‚Kammermusiker' nachweisbar sind. So bestanden musikalisch enge Beziehungen zwischen Köthen und Berlin." Smends Köthener Aktenstudium ergab, daß im März 1719 ein in Berlin gefertigtes Clavecin für den Köthener Hof angeschafft wurde. Besseler glaubte daraufhin eine der Bestellung des Instruments geltende Reise Bachs 1718 nach Berlin annehmen zu müssen. Es sei kein Zweifel, „daß dieses ungewöhnlich kostbare Instrument nach Bachs Angaben gebaut war, und daß er den Auftrag dazu einige Monate vorher persönlich erteilt hat." Bach habe demnach im Herbst 1718 den Markgrafen in Berlin besucht und bei dieser Gelegenheit vor ihm musiziert.

Obwohl dieser Argumentation der Beweis fehlt, entbehrt sie nicht einer gewissen Wahrscheinlichkeit. Mit Sicherheit angreifbarer ist die These, die *Brandenburgischen Konzerte* seien ausschließlich auf Bachs Köthener Orchester zugeschnitten und für die Kapelle des Markgrafen zu anspruchsvoll gewesen. Tatsächlich entspricht ihre Besetzung mit Ausnahme des ersten Konzerts den

Köthener Verhältnissen [Smend, S. 16–22], sind die Solospieler, vier Ripienisten, sowie der Fürst selbst als Gambist und Bach als Bratschist und Cembalist nachweisbar. Dagegen bestand die Kapelle des Markgrafen in seinem Todesjahr 1734 nur aus sechs Musikern [Besseler, o.a.O.], und außerdem zeigt die Widmungspartitur keine Gebrauchsspuren – ein Hinweis auf seltene Benutzung. Dennoch ist es problematisch von der überlieferten Zahl der Hofmusiker auf die Besetzung der Werke zu schließen, anzunehmen, eine Kapelle müsse viele Jahre früher den selben Personalstand gehabt haben wie er für die spätere Zeit belegt ist, nur weil Musikerlisten fehlen, und seltene Benutzung einer Partitur als Indiz für Unaufführbarkeit anzusehen. Möglicherweise war das markgräfliche Orchester damals doch größer als von Besseler angenommen. [vgl. H. Becker, Rezension der Edition der *Brandenburgischen Konzerte* in der NBA]. Nicht von der Hand zu weisen ist der Gedanke, daß die Widmungspartitur Dokument einer verkappten Bewerbung Bachs nach Berlin darstellt, worauf der letzte Satz des Widmungstextes hinzuweisen scheint. [siehe auch H.J. Schulze, Textbeilage zum Faksimile des Originalstimmensatzes des Fünften Brandenburgischen Konzerts, Leipzig 1975.] Hätte Bach es (besonders unter diesen Umständen) gewagt, dem Markgrafen eine Partitur zu widmen, die dieser nicht aufführen lassen konnte?

Leider ist über die Reaktion des Markgrafen nichts bekannt. Fest steht, daß Bach die Partitur nach Berlin schickte, wo sie seither verblieb, aber mehrfach den Besitzer wechselte. Zunächst erhielt einer der fünf Erben des Markgrafen aus der königlichen Familie das Autograph, dann ging es an den Bach-Schüler J.-Ph. Kirnberger (1721–1783), der seinen Namen auf das Titelblatt schrieb. Dieser wiederum gab es seiner Schülerin, Prinzessin Amalia von Preußen, die sich eine große Musikaliensammlung aufgebaut hatte, aus der die Partitur als Nr. 78 nach dem Tod der Prinzessin 1787 an das Joachimsthalsche Gymnasium überging. 1914 erhielt die Berliner Staatsbibliothek das Werk zunächst als Leihgabe, dann als Eigentum.

H. Besseler hat im Kritischen Bericht der Neuen Bach-Ausgabe auf „Frühfassungen“ der Brandenburgischen Konzerte 1 bis 5 hingewiesen, nach denen Bach die Partitur angelegt und teilweise verändert hat. Ihre Analyse liefert Aufschlüsse zur Entstehungsgeschichte, jedoch auch keine exakten Daten. Besseler selbst ging 1955 und 1956 [Kritischer Bericht, S. 25 ff. und Festschrift M. Schneider, S. 115–126] zunächst in der Frage der Datierung von biographischen Gegebenheiten – 1719 Eintreffen des neuen Kielflügels, (1718 mutmaßlicher Auftrag der Konzerte) / 1721 Widmung der Konzerte – und datierbaren Autographen – 1720 Klavierbüchlein für Friedemann / 1720 Violinsolosonaten / 1722 Wohltemperiertes Klavier –, sowie von stilkritischen Untersuchungen aus. Er ordnete die *Brandenburgischen Konzerte* unter dem Gesichtspunkt, daß sie die Umstellung vom Gemeinschaftsmusizieren zur Solokunst spiegelten, dem Ablauf des Köthener Instrumentalschaffens zu und kam zu folgendem Ergebnis:

| | | |
|---|---|---|
| um 1718 | „Gemeinschaftsspielmusik" | Konzert Nr. 6 |
| | Konzerte ohne Tutti – Sologliederung | Konzert Nr. 3 |
| | | Konzert Nr. 1 (Urfassung) |
| um 1719 | „Gruppenkonzerte" | Konzert Nr. 1 (Endfassung) |
| | Wechsel Tutti – Soli | Konzert Nr. 2 |
| | (regelmäßiger Themenbau; | |
| | Korrespondenz von Taktgruppen) | |
| um 1720 | Individualisierung der Solopartie | Konzert Nr. 4 |
| | (kontrastierende Motive) | |
| 1721 | (Charakterthema) | Konzert Nr. 5 |

Heute sind Besselers Argumente zur Chronologie der *Brandenburgischen Konzerte* nicht mehr ausreichend. Seine Behauptung, Bach habe zwischen 1717 und 1721 eine Entwicklung vom Gruppen- zum Solokonzert vollzogen, ist inzwischen überholt: Bach war seit 1713 mit dem Solokonzert vertraut.

Durch Erhellung des Aufführungszusammenhangs versuchte J. Krey Besselers Ansicht zu bestätigen, daß das erste Konzert zu den frühesten der Sammlung gehört. Allerdings gelangte er zu einer noch früheren Datierung. Zu diesem Konzert liegt eine von

Bach „Sinfonia in F-Dur“ (BWV 1046 a) genannte Frühfassung in einer Abschrift des Leipziger Thomanerpräfekten Chr. F. Penzel aus dem Jahre 1760 vor. Aufgrund des Gebrauchs der Hörner, der Tonart, der Thematik und des Formaufbaus brachte Krey die Sinfonia in Verbindung mit der *Jagdkantate* (BWV 208) zum Geburtstag des Herzogs Christian von Weißenfels, der sie 1716 als Einleitungsstück gedient haben und für die sie geschaffen sein soll.[1] Wie das Erste Brandenburgische Konzert ist die Sinfonia für zwei Hörner, drei Oboen, Fagott und Streicher gesetzt und enthält die beiden ersten Sätze, sowie das Menuett und die beiden Trios mit unwesentlichen Unterschieden. Lediglich die Violinstimme des zweiten Trios ist völlig verschieden. Das Konzert erfordert als vollstimmigstes der ganzen Serie bei einfacher Besetzung des Streichorchesters dreizehn Instrumentalisten. Zu Bachs Wirkungszeit war das Köthener Orchester mit vierzehn bis sechzehn Musikern besetzt, so daß die *Brandenburgischen Konzerte* aufgeführt werden konnten. Die Hornpartien des ersten Konzerts mußten allerdings durch auswärtige Musiker besetzt werden, da keine Hornisten engagiert waren. Bach hat auch sonst in Köthen das Horn nicht verwendet. Die Eintragung „an die beyden Waldhornisten, so sich allhier hören lassen, 15 thaler“ vom 6. Juni 1722 in den Köthener Rechnungsbüchern [Terry, S. 140] läßt zum Beispiel an eine Aufführung des Konzerts denken. J. Krey nahm an, daß Bach während seines Aufenthalts in Dresden 1717 anläßlich des geplanten Wettstreits mit L. Marchand alle in der Sinfonia geforderten Instrumente in der Hofkapelle vorfand. Als Anerkennung für die Vermittlung einer Aufführung habe er für den Konzertmeister Volumier den dritten Satz mit dem Violino-piccolo-Part[2] hinzukomponiert. Die Möglichkeit, daß Bach zur Komposition des Satzes durch den Virtuosen angeregt wurde, ist plausibel. Ob allerdings die Umarbeitung der Sinfonia zum Konzert schon damals erfolgte, bleibt fraglich. Beobachtungen am Autograph, das als einzige Partitur die Fassung mit Violino piccolo in Satz 1 und 2, dem dritten Satz und der Polonaise enthält, scheinen Indizien dafür zu sein, daß die Konzertfassung tatsächlich erst Anfang 1721 ihre endgültige Gestalt erhalten hat. [Vgl. H.J. Schulze, Johann Sebastian Bachs

Konzerte – Fragen der Überlieferung und Chronologie, Bach-Studien 6, S. 16–18]

M. Geck ging in seinen Datierungsüberlegungen von Bachs Beschäftigung mit dem italienischen Instrumentalkonzert Vivaldischer Prägung aus, die zwischen 1714 und 1717 anzusetzen ist, und die sich in den Konzerten 2, 4 und 5 spiegelt. Für Geck sind die älterer Ensemblekunst verpflichteten Konzerte 3 und 6 und die Frühfassung des ersten Konzerts als noch früher entstanden anzunehmen und in Beziehung zu Scarlattis Opernsinfonie zu setzen.

Auf sehr frühe Entstehungszeit des dritten Konzerts weist eine Beobachtung an Partitur und Stimmen der Kantate BWV 174 „Ich liebe den Höchsten von ganzem Gemüte" hin, für die Bach dessen ersten Satz benutzt hat. Mehrfach wird in der Kantate zur Auflösung des ♯ anstelle von ♮ das ♭ verwendet, eine Schreibweise, die Bach seit 1715 aufgegeben hat. [M. Geck, S. 141 und A. Dürr, Kritischer Bericht zur NBA I/35, Kassel 1964, S. 40] Demnach könnte die Vorlage, aus der Bach und seine Schreiber den Konzertsatz entnommen haben, vor 1715 entstanden sein.

Zum fünften Konzert hat A. Dürr [Zur Entstehungsgeschichte ...] zwei der Widmungspartitur vorangehende Fassungen untersucht: einen autographen Stimmensatz (BB St 130) aus der Köthener Zeit mit Korrekturen an Stellen, an denen die Partitur unkorrigiert die neue Lesart zeigt und einen Stimmensatz (BB/SPK: St 132) von Bachs Schüler Altnickol und vier weiteren Schreibern, der auf einer noch älteren Fassung beruht. Dürr veröffentlichte den Originalstimmensatz 1975 als Partitur. Bachs Autograph für den Markgrafen unterscheidet sich von dieser Frühfassung durch abweichende Einzellesarten, den zum Teil vom Cembalobaß verschiedenen Violoncello- und Violone-Part, die Bezeichnung „Affettuoso" über dem vorher mit „Adagio" überschriebenen zweiten Satz, und vor allem durch die Erweiterung der Cembalokadenz des ersten Satzes von achtzehn auf fünfundsechzig Takte. Dürrs Untersuchungen ergaben, daß vor der Konzertniederschrift eine autographe Konzeptpartitur stand. Da er die Widmungspartitur weggeben mußte, erstellte sich Bach zum eigenen Gebrauch einen Stimmensatz, aus dem er die Partitur weitgehend spartierte. Dabei brachte er noch zahlreiche Einzelverbesserungen an und entschloß sich zur Erweiterung der Cembalokadenz. Nach G.v.Dadelsens Untersuchungen [S. 82–84] sind die Originalstimmen nicht wesentlich früher als die Kadenz der Widmungspartitur entstanden. Die Entstehung beider Fassungen wird mit dem im März 1719 vom Köthener Hof erworbenen Kielflügel in Verbindung gebracht [F. Smend, S. 24ff.] Das besonders klangstarke „zu Berlin gefertigte Clavessin", das (wie schon gesagt) höchstwahrscheinlich nach Bachs Angaben gebaut wurde, regte ihn offenbar zur Komposition an. Das Werk ist im Ripieno mit nur einer Violine besetzt. Seit Smends Köthener Archivforschungen wird angenommen, daß Bach den Cembalopart selbst spielen wollte. Er mußte also die Ausführung des Viola-Parts, von dem aus er gewöhnlich die Aufführungen leitete, dem zweiten Geiger übertragen. Dessen Stimme blieb dann notgedrungen unbesetzt. Möglicherweise empfand Bach aber auch eine geringere Lautstärke des Tutti dem Cembalo gegenüber günstiger. Für die Chronologie bleibt die Frage nach der Entstehung der Frühfassung immer noch offen, doch muß die Annahme, das Fünfte Brandenburgische Konzert sei das modernste Werk der Serie in Zweifel gezogen werden. H.J. Schulze [a.a.O., S. 15] stellte sogar umgekehrt die Überlegung an, ob dieses Konzert, – das mit seinem nur dreistimmigen Ripieno, der fehlenden Differenzierung im Continuopart, der nicht sehr anspruchsvollen Behandlung der Soloinstrumente und der kurzen Cembalokadenz, eine starke Aufwertung durch die neue Kadenz erhalten mußte, – nicht auch das älteste der Sammlung gewesen sein könnte. Auf Entstehung nach 1717 weist immerhin der Gebrauch der Querflöte hin, der für die Weimarer Zeit nicht bezeugt ist.

Aus dieser Quellenlage und der daraus resultierenden Entstehungsgeschichte innerhalb eines größeren Zeitraumes mag die Frage, ob die *Brandenburgischen Konzerte* als Zyklus konzipiert oder nachträglich zusammengestellt, bzw. ob sie als Zyklus zu betrachten seien, zunächst als müßig erscheinen. Die Vielfalt der Besetzung, die stilistischen Unterschiede der einzelnen Werke, sowie die freie Behandlung der Konzertform – ihre Individualisierung – scheinen stärker zu wiegen als einige Gemeinsamkeiten, die sich wiederum nur auf einzelne Konzerte beziehen, wie zum Beispiel das gemeinschaftliche Musizieren in den Konzerten 3 und 6, oder die Tutti – Sologliederung im ersten und zweiten Konzert, oder die Emanzipation eines Soloinstrumentes im vierten und fünften Konzert. Die *Brandenburgischen Konzerte* erweisen sich auf den ersten Blick als Sammlung und Zusammenstellung einer Werkgattung und bilden so eine Einheit. Sie können aber auch genausogut als voneinander unabhängige Einzelwerke gelten. Dies wird durch die gesamte nachweisbare Überlieferung in Einzelabschriften von der Mitte des 18. Jahrhunderts bis zur Mitte des 19. Jahrhunderts hinreichend dokumentiert.

Bach überreichte dem Markgrafen eine Sammlung, die alle Facetten des „Konzertierens" enthält. Seine Zeitgenossen hätten sich des Auftrags wahrscheinlich mit der Abfassung einer Serie von Konzerten gleicher Machart und Besetzung entledigt. Daher ist der Gedanke nicht abwegig, daß Bach nach Auswahl und teilweise nach Überarbeitung die sechs Konzerte nach einem übergeordneten Gesichtspunkt zusammengestellt hat. Vieles spricht für eine bewußte Demonstration aller konzertanten Möglichkeiten. Zunächst ist auffällig, daß alle Anfangssätze mit einer auf dem Tonikadreiklang beruhenden Motivgruppe beginnen, jedes Konzert somit auf gleichgearteter Motivbasis aufbaut. Außerdem stehen alle Konzerte in Durtonarten; die langsamen Sätze suchen, mit Ausnahme der Subdominante im sechsten Konzert, die Tonikaparallele auf. Es gibt zwei Gruppen mit eher starker (Nr. 1, 2) und eher durchsichtiger (Nr. 4, 5) Besetzung, die jeweils von Konzerten in reiner Streicherbesetzung abgeschlossen werden (Nr. 3, 6). Im Bereich des Ausdrucks korrespondieren die Konzerte 1, 2 und 3 als eher kraftvoll-bewegte, 4 und 5 als eher intime Werke mit solistischem Zuschnitt. Die beiden letzten werden durch das eher „stille" sechste Konzert abgerundet. R. Eller [Serie und Zyklus, S. 126–143] sieht in den *Brandenburgischen Konzerten* einen strengen und vielschichtig geordneten Zyklus. Für ihn sind sie von Bach als Summa des Begriffs Konzert intendiert und folgen in ihrer Anlage einem Leitgedanken: Die Konzerte 1 bis 3 stellen verschiedene Arten des Konzertierens vor, 4 und 5 dagegen die Kombination verschiedener

Formprinzipien. Die beiden Streicherkonzerte 3 und 6 demonstrieren zudem Bachs Besinnung auf die elementaren Grundlagen und Gesetzlichkeiten der Musik:

| | | | | | |
|---|---|---|---|---|---|
| Nr. 3 – | Komposition (1. Satz) | – | Improvisation (2. Satz, Kadenz) | – | Tanz (3. Satz) |
| Nr. 6 – | Harmonie (1. Satz) | – | Melos (2. Satz) | – | Rhythmus (3. Satz) |

# BACH UND DAS INSTRUMENTALKONZERT

Die Wurzeln des instrumentalen Konzertierens liegen in einer bestimmten Aufführungspraxis, nämlich in der chorischen Besetzung von Solo- und Triosonaten, verbunden mit der Möglichkeit, einige Abschnitte, zum Zwecke der beliebten Echowirkungen, solistisch zu belassen. Die nächste Entwicklungsstufe bildeten Stücke, in denen der Gegensatz von Tutti- und zunehmend virtuoser werdenden Solopartien ausdrücklich komponiert war. Damit waren die Voraussetzungen für die Konzertform Vivaldis gegeben. Der klangliche Gegensatz erhielt hier thematische Entsprechung durch das *Ritornell* (Tutti) als ein im Verlauf des Satzes wiederkehrender Abschnitt und dazwischen liegenden solistischen *Episoden* (Solo). Gewichtiger formbildender Faktor ist außerdem der Gegensatz von Tonart bewahrenden und modulierenden Abschnitten. Dieser dreifache Kontrast zwischen Klangmasse (Tutti und Solo), Thematik (Ritornell und Episode) und Tonart (nicht modulierenden und modulierenden Abschnitten), ist Basis des Konzertsatzes. Er eröffnete dem Komponisten eine Fülle von Konstruktions- und Kombinationsmöglichkeiten. Ihr Ausgangspunkt lag im Ritornell, das – obwohl ein in sich geschlossener Tonsatz – differenzierte Gliederung hinsichtlich der Motivik und ihrer Behandlung, z.B. Sequenzierung, der Echoeffekte, der Harmonik und der rhythmischen Muster gestattete.

Bach setzte sich in den drei besonders wichtigen Lebensstationen, in Weimar (1713–1717), in Köthen (1717–1723) und in Leipzig (vor allem 1729–1740 als Leiter des Collegium musicum) gründlich mit dem damals in der Instrumentalmusik herrschenden Prinzip des Konzertierens auseinander. Zunächst bearbeitete er Werke anderer Komponisten für Klavier und Orgel, einerseits zum praktischen Gebrauch, andererseits zum Studium ihrer gattungsspezifischen Gesetzmäßigkeiten. Auswirkungen dieses Studiums zeigen seine damals entstandenen Klaviertoccaten BWV 912 und 916, das Klavierpräludium BWV 894, sowie die Sonata der Kantate

Nr. 31. Schließlich komponierte er, nachdem er den neuen Stil vollkommen in sich aufgenommen hatte, eine Vielzahl von Konzerten, in denen er – wie es seine Art war – die Modelle tiefgreifend und entscheidend zu eigener und origineller Gestalt verwandelte.

Als Hoforganist und Hofmusicus des Herzogs Wilhelm Ernst von Sachsen-Weimar (1662–1728) war Bach in Kontakt mit der modernen italienischen Musik gekommen. Er erlebte die hohe Wertschätzung, die man ihr in Sachsen entgegenbrachte, am Hofe durch seine Verbindung zum musikalisch begabten Neffen des Herzogs, Johann Ernst (1696–1715), der selbst Konzerte komponiert hatte. Ebenso wie der Lehrer des Prinzen, J.G. Walther[3], verfaßte Bach Transkriptionen von Ensemble-Konzerten für das Tasteninstrument (BWV 592–594, 596 für Orgel, 972–987 für Cembalo), darunter Werke von Johann Ernst, G.Ph. Telemann, A. und B. Marcello, und allein neun von A. Vivaldi[4] (siehe Dokumente I). Von Vivaldi bearbeitete er sieben Violinkonzerte und zwei Concerti grossi. Als gedrucktes Werk lag Bach vermutlich das 1712 erschienene Opus 3 *L'Estro Armonico* vor. Nach handschriftlichen Vorlagen bearbeitete er die später von Vivaldi als Opus 4 und Opus 7 veröffentlichten Konzerte.

Zentrum der sächsischen Vivaldi-Pflege war Dresden geworden, seit J.G. Pisendel[5], Schüler Vivaldis, 1717 mit einer großen Sammlung von Werken seines Lehrers aus Venedig zurückgekehrt war. Ihm ist es zu verdanken, daß sich der größte Vivaldi-Bestand außerhalb Italiens in Dresden befindet. Leider sind die Dresdner Manuskripte fast alle undatiert, so daß unklar bleibt, inwieweit Bachs Konzertkompositionen mit ihnen in Verbindung gebracht werden können, zumal seine Besuche dort nur von Leipzig aus belegbar sind, also zu einer Zeit, in der viele seiner erhaltenen Konzerte, auch die Brandenburgischen, schon entstanden waren. Möglicherweise könnte Bach anläßlich der kurzen Reise nach Dresden im September 1717 mit Pisendel zusammengetroffen sein. Jedenfalls steht fest, daß Bach bei seinen Übertragungen und Bearbeitungen der Konzerte Vivaldis deren Formanlage respektierte und ihren Bauplan nicht wesentlich verändert hat. Veränderungen nahm er dagegen im Melodischen, Figurativen, im Satz und teilweise im

Harmonischen vor. Vivaldis Konzerte gleichen sich in Formanlage, Tonartenplan und Besetzung. Ihre dreisätzige Ausprägung ist die erste große Form der Musikgeschichte, die auf der Grundlage verschiedener Tonarten aufgebaut ist und in Gegenüberstellung von Tutti- und Soloabschnitten das instrumentale Virtuosentum einbezieht. Vivaldi hat das um 1700 wichtigste formbildende Prinzip der Musik, das Ritornell, zu einem umfangreichen, in sich geschlossenen, mehrgliedrigen Komplex entwickelt, der mit der motivisch-thematischen Hauptgruppe im Tutti beginnt und im Verlauf des Satzes in verwandten Tonarten vollständig oder teilweise, am Schluß nochmals in der Haupttonart, wiederkehrt. Die Ritornell-Themen sind melodisch und rhythmisch plastisch und einprägsam, ihr motivisches Material eignet sich zur Veränderung, Abspaltung und Ergänzung. Zwischen den einzelnen Ritornellen befinden sich modulierende Solo-Episoden, die improvisationsartig aus dem Hauptthema entwickelt sind und neue, virtuose Passagen enthalten. Vielfach vermischt Vivaldi Tutti- und Solomotivik, so daß der Gegensatz von Ritornell und Solo-Episoden verwischt wird. Vivaldi hat die Ritornellform, in der der erste Satz gearbeitet ist, in Opus 3 und 4 in Ansätzen, in einigen der Konzerte in den Dresdner Manuskripten vollständig auf langsame Sätze übertragen. Generell steht der zweite Satz in einer verwandten Tonart und ist häufig so angelegt, daß das Soloinstrument vom Streichorchester begleitet wird. Durch Verschiedenheit in Taktart, Rhythmik und Betonung des virtuosen Elements bildet der dritte Satz in Ritornell- oder Tanzform, oder durch die Verbindung von Konzertform mit Fugentechnik einen Kontrast zum ersten Satz. Durch die Form seiner Konzerte, durch ihre harmonischen und thematischen Kompositionsmittel, sowie durch ihre vielfältigen Besetzungsmodelle, hat Vivaldi als Vorbild für die deutschen Komponisten gewirkt. R. Eller hat in eingehenden Untersuchungen und Vergleichen nachgewiesen, daß sich Bach in seinem Konzertschaffen, das schon zur Zeit der Bearbeitungen oder bald darauf eingesetzt haben muß, an Vivaldi orientiert hat. Die Vergleiche zeigen, „daß nicht nur das allgemeine Formprinzip, sondern auch zahlreiche gestalterische Einzelzüge der Konzerte Bachs – Besonderheiten und Feinheiten der Formanlage, der Themenbildung, der Rhythmik, der Orchesterbehandlung, ja sogar der motivischen Verarbeitung und des kontrapunktischen Satzgefüges – in Konzerten Vivaldis bereits enthalten oder vorgebildet sind.“ [Zur Frage Bach – Vivaldi, Kongreßbericht Hamburg 1956, S. 84; siehe auch Vivaldi – Dresden – Bach in: Wege der Forschung Band CLXX, Darmstadt 1970, S. 466–492] So konnte Eller für die *Brandenburgischen Konzerte* 1, 4 und 6 deutliche Muster in den Konzerten der Dresdner Vivaldi-Bestände aufzeigen: Drei F-Dur-Konzerte (PV 267, 268 und 273) weisen durch ihr Instrumentarium (2 Hörner, 2 Oboen, Fagott, Solovioline, Streichertutti), sowie durch Einzelzüge der Orchesterbehandlung auf das Erste Brandenburgische Konzert. Der dritte Satz von PV 267 ist deutliches Vorbild für die Tutti- und Solomotivik des ersten Satzes des Vierten Konzerts. Beziehungen zur Imitationsmotivik des ersten Satzes des Sechsten Konzerts zeigt ein B-Dur-Konzert PV 349.

Zur Analyse des Vivaldischen oder Bachschen Konzertritornells hat sich der Begriff des „Fortspinnungstypus“ (W. Fischer), bestehend aus einem motivisch prägnanten *Vordersatz*, einer sequenzierenden *Fortspinnung* und einem kadenzierenden *Epilog*, als brauchbar erwiesen.

Problematisch ist es jedoch, das Begriffssystem der klassischen Sonate auf den barocken Konzertsatz zu übertragen: Der Gebrauch der Termini ‚Exposition‘ und ‚Reprise‘ für Anfangs- und Schlußtutti kann zu Verwechslungen mit den von der Klassik besetzten Inhalten führen. Der Begriff ‚Durchführung‘ allerdings ist, zwar nicht im formalen Sinn, dagegen im Bereich der Kompositionstechnik, in einigen Konzertsätzen zur Verdeutlichung des motivisch-thematischen Geschehens angebracht.

Bach hat seine Vorbilder nicht kopiert oder modifiziert, auch nicht durch neue Normen ergänzt, sondern die Form des einzelnen Satzes individualisiert. Nicht der Satztypus als solcher steht im Mittelpunkt seines Interesses, sondern der Prozeß der Satzentwicklung. Unter diesem Gesichtspunkt erscheint der Gedanke zwingend, daß der Komponist dem Auftrag des Markgrafen nicht nur mit der Übergabe von sechs Konzerten nachkam, sondern daß er zugleich mit ihrer Auswahl und Zusammenstellung eine Demonstration aller konzertanten Möglichkeiten bieten wollte. Demnach kann eine Beschreibung dieser Werke nur mit Vorbehalt von Gattungsnormen ausgehen. Es geht vielmehr darum, die in jedem Werk besondere Art des Konzertierens zu erkennen und zu verfolgen.

# WERKBESCHREIBUNG

## BRANDENBURGISCHES KONZERT NR. 1, BWV 1046

| | | |
|---|---|---|
| Besetzung: | Corno da caccia in F I, II | Violino I, II |
| | Oboe I, II, III | Viola |
| | Fagotto | Violoncello |
| | Violino piccolo | Continuo e Violone grosso |

Die *Brandenburgischen Konzerte* können einerseits als Darstellung der vielfältigen Arten des Konzertierens, andererseits als Niederschlag der Beschäftigung Bachs mit der Gattung Konzert angesehen werden. Dies zeigt sich zunächst am deutlichsten durch die in jedem Werk verschiedene Besetzung, auf die der Komponist mit seinem Titel „Six Concerts avec plusieurs instruments" ausdrücklich hinweist. Sie liefert für jede Komposition andere Voraussetzungen, d.h. ausgehend von der Besetzung werden unterschiedliche Anforderungen an das Kompositionsmaterial und seine Verarbeitungsmöglichkeiten gestellt. Die Reihenfolge der sechs Konzerte ist mit Sicherheit nicht willkürlich, sondern Resultat gezielter Überlegung.

Bach wählte als Eröffnungskonzert das mit fünf Sätzen umfangreichste und ungewöhnlichste. Es eröffnet jedoch nicht nur als ‚prächtigstes' Werk die Sammlung, sondern auch weil hier viele Möglichkeiten der Besetzung, des Konzertierens, der Form und Satztechnik vorgestellt werden, die auch in den folgenden Konzerten eingesetzt werden.

So verweist der erste Satz mit seiner Dreichörigkeit (2 Hörner / 3 Oboen + Fagott / Violino piccolo + Streicher) auf das dritte Konzert, in dem das Prinzip der Mehrchörigkeit ausdrücklich verwirklicht wird. Der zweite Satz stellt mit der Reduktion der Besetzung und der passacagliaartigen Anlage das Modell aller anderen langsamen Sätze, mit Ausnahme des vierten Konzerts. Im dritten Satz wird das Moment solistischen Musizierens durch Hervorheben eines Concertino-Instrumentes (des Violino piccolo) betont, das im vierten und fünften Konzert zu virtuoser Entfaltung gelangt (Violine bzw. Cembalo). Zudem deutet das Alternieren von Solo-Episoden und Tutti-Ritornellen die Concerto grosso-Praxis an, wie sie prinzipiell im ersten Satz des fünften Konzerts gehandhabt wird. Überdies ist dieser dritte Satz wohl eigens für die Widmungspartitur zu einer bestehenden Erstfassung hinzukomponiert worden (siehe S. 12), so daß er die Beobachtung erlaubt, mit welchen Mitteln Bach einen neuen Satz in ein bestehendes Werk integriert.

Im ganzen eröffnet das erste Brandenburgische Konzert den Einblick in die gattungsmäßigen Möglichkeiten der Mehrchörigkeit, des Concerto grosso und des Solokonzerts, sowie in die Welt des Widmungsträgers durch die höfischen Tänze. Im Bereich der Materialaufstellung und -verarbeitung erscheinen die wesentlichen Techniken, wie zum Beispiel Verwendung einzelner Bausteine, Kombination von Motiven, Motivabspaltung, Sequenzierung, Aufsuchen verschiedener tonaler Ebenen. Mit dem auf dem Tonika-Dreiklang beruhenden Anfangsmotiv ist die erste Motivgruppe aller ersten Sätze vorgeprägt.

Ungewöhnlich sind in diesem Konzert die starken Gegensätze der Ausdruckscharaktere. Dem lebendigen ersten Satz, der den Klang aufspaltet und die einzelnen Gruppen hervortreten läßt, folgt der grüblerische, harmonisch kühne, vom Dialog zwischen Oboe I, Violino piccolo und Baß bestimmte zweite Satz, der Erwartung auf einen bedeutenden dritten erweckt. Diese wird im hinzukomponierten Allegro durch Verschmelzung der Klanggruppen einerseits und Betonung des virtuosen solistischen Musizierens andererseits, erfüllt. Die abschließenden höfisch-konventionellen Tänze in der Anordnung einer ‚Suite' resümieren in ihrer Aufeinanderfolge von einzelnen Klanggruppen und Tutti-Ritornell in Gestalt des Menuetts die Grundlagen des Konzertprinzips.

# Formübersicht zum 1. Satz

| Takt | 1 – 13 | 13 – 27 | | | | 27 – 43 | | |
|---|---|---|---|---|---|---|---|---|
| | | 13 – 18 | 18 – 21 | 21 – 24 | 24 – 27 | 27 – 33 | 33 – 36 | 36 – 43 |
| Besetzung | Tutti | Tutti | Solo<br>Vl. Ob. Hrn. | Tutti | Solo<br>Hrn. Ob. Vl. | Tutti | Solo<br>Hrn. Ob. Vl. | Solo mit<br>Tuttibegleitung |
| Thematik / Motivik | Ritornell-Thema<br>a b c | a (T. 1)<br>Hornmotiv 1 | b | a (T. 3–6)<br>Fortspinnung | Hornmotiv 2 | a c<br>(T. 1–2) | Hornmotiv 3 | Hornmotiv 4 |
| Tonart | F | F – C | g d F | F – B | B – d | d | d – F | F – C |
| Formabschnitt | Anfangs-<br>**RITORNELL** | **Ritornell 1**<br>**I** | | | | **Ritornell 2**<br>**II** | | |

| Takt | 43 – 57 | | | | 57 – 72 | | | 72 – 84 |
|---|---|---|---|---|---|---|---|---|
| | 43 – 48 | 48 – 52 | 52 – 53 | 53 – 57 | 57 – 63 | 63 – 65 | 65 – 72 | |
| Besetzung | Tutti | Solo<br>Hrn. Ob. Vl. | Tutti | Solo<br>Hrn. Ob. Vl. | Tutti | Solo<br>Hrn. Vl. | mit Tutti-<br>begleitung | Tutti |
| Thematik / Motivik | a (T.1–2) | Hornmotiv 2 | a (T.1) | Hornmotiv 2 | a<br>(T.1+13–18) | Hornmotiv 3 | Hornmotiv 4 | Ritornell-Thema<br>a b c |
| Tonart | C – a | a – g | g | g – F | F – C | C – B | B – F | F |
| Formabschnitt | **Ritornell 3**<br>entspricht T.27–33<br>III | 24–27 | | | **Ritornell 4**<br>entspricht T.13–18<br>IV | 33 – 43 | | = T. 1–13<br>Schluß-<br>RITORNELL |

## 1. Satz: (Allegro), ¢, F-Dur

Der Satz beginnt mit einem zwölf-taktigen Ritornell (Tafelbeispiel I), das am Schluß als ausgeschriebenes Da capo wiederkehrt. Dazwischen liegen vier Teile mit Tutti – Solo – Wechseln. Sie sind deutlich voneinander getrennt durch den Beginn mit dem Anfangsmotiv des Ritornell-Themas, das dem traditionellen Tonartenplan (Tonika – Tonikaparallele – Dominante – Tonika) folgt, und durch das kadenzierende Ende. Das sehr komplex komponierte Ritornell besteht aus mehreren Schichten, die das motivisch-thematische Material des ganzen Satzes enthalten. Soloinstrumente und Tutti wirken als drei Gruppen verschiedener Klangfarbe. Das eigentliche Ritornell-Thema liegt in Violine I (+ Violino piccolo). Sein Anfangsmotiv des aufsteigenden Dreiklangs mag vom gleichzeitig erklingenden Hornsignal (Tafelbeispiel II) beeinflußt sein. Dazu führen die Oboen einen langsamen Triller (Tafelbeispiel III) aus, der in die Fortspinnung aufgenommen wird. Das Ritornell-Thema wirkt auf den ersten Blick als Ganzes einheitlich mit markantem Kopfmotiv, Sechzehntel-Fortspinnungen mit Sequenzen, der Wiederaufnahme des Anfangsrhythmus in der Mitte. Tatsächlich bestehen jedoch inhaltliche Untergliederungen, die durch Instrumentation und Kadenz bekräftigt und im weiteren Satzverlauf bestätigt werden. Die erste Einheit umfaßt die Takte 1–6, die als dreigliedriges „Tutti-Thema“ (a) nach Art Vivaldis angelegt sind: T. 1–2 Vordersatz / T. 2–4 Fortspinnung / T. 4–6 Epilog + Kadenz. Die zweite Gruppe, T. 6–8, hebt sich mit dem „Solo-Thema“ (b) deutlich davon ab. Der Dreiklangsaufstieg von a ist in stufenweise Fortschreitung mit Sechzehntelabstieg umgewandelt und wird von Oboe I, dann Violine I, in g- bzw. d-Moll vorgetragen. In diesen beiden solistischen Takten kontrapunktieren Fagott bzw. Violoncello rhythmisch mit der Vertauschung der Achtel- und Sechzehntelfolge der Oberstimme. Die Hörner schweigen. Dieses Motiv erscheint im ersten Concertino wieder, nacheinander in Violine I, Oboe I und Horn I (T. 18–21). Die dritte Gruppe (c), T. 8–13, in Tuttibesetzung, verbindet die Charakteristika der vorangehenden. Das zum Vierklang (Septakkord) erweiterte

Kopfmotiv von a wird mit der absteigenden Sechzehntelfigur von b kombiniert und sequenziert wiederholt. Die Kopplung des Motivkopfs mit einem zweiten Hornsignal (Tafelbeispiel IV) und dem Oboen-Trillermotiv, sowie einem dritten Hornsignal (Tafelbeispiel V) zur kadenzierenden Fortspinnung, weist die Gruppe als Ergänzung und Fortsetzung des „Tutti-Themas" aus. Dies wird im Satzverlauf durch zwei Ritornelle (2 und 3) bestätigt.

Bach leitet aus den motivischen Schichten des Ritornells das Material der folgenden vier Teile, vor allem ihrer Soloabschnitte, her. Aus dem Oboen-Trillermotiv und aus Fortspinnungsfiguren gewinnt er vier Hornmotive, die sich ihrerseits zu Varianten eignen, und von den übrigen Concertino-Instrumenten alternierend übernommen werden: Motive 1 – 4, Takte 13, 24, 33, 36 (Tafelbeispiele VI-IX). Diese Motive werden in den Soloabschnitten verarbeitet. Wesentliches Prinzip ist die ständig neue Kombination der Bausteine mit Sequenzierung in verschiedenen tonalen Bereichen. Zunächst übernehmen die Sologruppen nacheinander das jeweilige Motiv zu Continuo-Begleitung. Als Steigerung musizieren sie in der Satzmitte (T. 36–43) und vor dem Schlußritornell T. 65–72) gemeinsam mit Tutti-Begleitung: Das fortgesponnene Hornmotiv wird mit einem Dreiklangsmotiv der Oboen bzw. Violinen kombiniert. Dieses erstreckt sich über viereinhalb Takte und geht in duettierenden Wechsel mit dem Hornmotiv in dessen Sekundbewegung über.

Die Soloabschnitte werden durch Ritornelle eingeleitet, die ebenfalls aus Motivkombinationen mit besonderer Betonung des formgliedernden Kopfmotivs gebildet werden.

Zum Beispiel:

Ritornell 2: Kopfmotiv a + Variante Motiv c + Variante der Fortspinnung

| | | | | |
|---|---|---|---|---|
| (T. 27–33) | | (Kopf: Durdreiklang/ Septakkord) | | und Kadenz |
| | T. 27–28 | 29–31 | | 31–33 |

Ritornell 3: Kopfmotiv a + Variante Motiv c + Kadenz

| | | | | |
|---|---|---|---|---|
| (T. 43–48) | | (Kopf: Quartsextakkord) | | |
| | T. 43–44 | 45 | – | 48 |

Die Ritornelle 1 und 4 nehmen eine Sonderstellung ein. Der erste Binnenteil mit Ritornell 1 (T. 13ff.) bildet die Takte 1–8 des Anfangsritornells nach und um. Bach überträgt einer Gruppe des Concertino, den Oboen, das Kopfmotiv des Tutti-Themas. Bei der anschließenden Wiederholung auf der Dominante ist der Rollentausch perfekt: Die drei Oboen übernehmen die Stimmen von Violine I, II und Viola, diese das Trillermotiv der Oboen aus Takt 1. Nach der Fortspinnung durch die Streicher wird das „Solo-Thema" b nacheinander durch die Concertino-Gruppen geführt (Violine – Oboe – Horn). Anstelle der ursprünglichen Fortsetzung mit Motivgruppe c folgen Fortspinnung und Epilog des „Tutti-Themas" a. Im weiteren Satzverlauf wird b nicht mehr verwendet. An seinen Platz tritt als Ableitungsmodell der folgenden Episoden Hornmotiv 2, das den ersten Binnenteil alternierend zwischen Horn – Oboe und Violine beschließt. Bach deutet hier zwei Verfahren an, die im ersten Satz des zweiten Brandenburgischen Konzerts von großer Bedeutung sind: Die Übertragung der Tutti-Motivik auf das Concertino und das Aufgeben eines zuerst als solches deutlich gekennzeichneten Solothemas (vgl. S. 40).

Ritornell 4 (T. 57–63) ist identisch mit Ritornell 1, es geht ihm jedoch Takt 1 voraus. Mit Ausnahme des sechstaktigen Ritornell 2 wird der Umfang von fünf Takten des „Tutti-Themas" in allen Binnenritornellen beibehalten.

Übersicht über die Motivkombinationen

**Teil I,** T. 13–27

| | | | |
|---|---|---|---|
| Ritornell 1 | Solo | Fortspinnung | Solo |
| Tutti-Thema a<br>im Concertino<br>+ Hornmotiv 1<br>Tonika | Solothema b<br>Vl. Ob. Hrn. | Tutti-Thema | Hornmotiv 2<br>Hrn. Ob. Vl. |
| T. 13 | T. 18 | T. 21 | T. 24 |

**Teil II**, T. 27–43

| | | |
|---|---|---|
| Ritornell 2 | Solo | Solo mit Tutti-Begleitung |
| Tutti-Thema a, c | Hornmotiv 3<br>Hrn. Ob. Vl. | Hornmotiv 4<br>+ sequenzierte Dreiklangsmotive der Oboen |

| | | | |
|---|---|---|---|
| Tonikaparallele | | | |
| T. 27 | T. 33 | T. 36 | |

**Teil III**, T. 43–57

| | | | |
|---|---|---|---|
| Ritornell 3 | Solo | | |
| Tutti-Thema a, c | Hornmotiv 2<br>Hrn. Ob. Vl.<br>+ Fortspinnung | Tutti:<br>Themenkopf | Hornmotiv 2<br>Engführung<br>Hrn. Ob. Vl. |
| Dominante | | | |
| T. 43 | T. 48 | T. 52 | T. 53 |

**Teil IV**, T. 57–72

| | | |
|---|---|---|
| Ritornell 4 | Solo | Solo mit Tutti-Begleitung |
| T. 1 + Ritornell 1 | Ob. Vl.: Hornmotiv 3 | Hornmotiv 4<br>wie in Teil II, jedoch<br>Stimmtausch zwischen<br>Ob. und Vl. |
| Tonika | | |
| T. 57 | T. 63 | T. 65 |

Die Übersicht verdeutlicht die Verarbeitung des Ritornell-Materials in vier Teilen, die jeweils mit dem Hauptthema in bestimmten Tonartenbeziehungen beginnen. Die Teile als „Durchführungen" zu bezeichnen, ist also nicht unangemessen. Allerdings erfaßt der Begriff nicht das komplizierte Entsprechungsverhältnis einzelner Abschnitte zueinander. Ph. Spitta versuchte die nicht-symmetrischen Beziehungen als „chiastisch-zyklische" (nach dem griechischen Chiasmakreuz χ) Form zu beschreiben. [Bd. I, S. 738] Er erklärte den ersten Takt als Tutti-Motiv und seine Wiederkehr als Markierungspunkt eines neuen Abschnitts. So kam er auf folgende Gliederung, die die Zusammenhänge sehr vergröbernd darstellt:

| A | B | C | D | E | F | G |
|---|---|---|---|---|---|---|
| T. 1–13 | 13–27 | 27–43 | 43–52 | 52–57 | 57–72 | 72–84 |

R. Gerber stellte in seiner Analyse [S. 17/18] den Sachverhalt als „Analogie der Anfänge" der Teile I und IV, II und III, bzw. als „Analogie der Mittel- und Ausläufe" der Teile I und III, II und IV vor.

Durch Bezugnahme auf Tutti- und Solo-Abschnitte kann diese Feststellung präzisiert werden:
Tutti:
Teil I, T. 13–18 entspricht Teil IV, T. 57–63
Teil II, T. 27–33 entspricht Teil III, T. 43–48
Solo:
Teil I, T. 24–27 entspricht Teil III, T. 48–50 (erweitert bis T. 58)
Teil II, T. 33–43 entspricht Teil IV, T. 63–72

### 2. Satz: Adagio, 3/4, d-Moll

Das Schweigen der beiden Hörner verweist auf die in allen langsamen Sätzen der Brandenburgischen Konzerte, mit Ausnahme des vierten, erfolgende Reduktion der Besetzung. Es handelt sich jedoch nicht allein um Verminderung der Klangmasse, sondern auch um eine Hinwendung zum Kammermusikalischen, wie sie im zweiten, fünften und sechsten Konzert ausdrücklich vollzogen wird. Im vorliegenden Satz tragen Oboe I, Violino piccolo und Baß die Thematik, die anderen Instrumente übernehmen überwiegend harmonische Füllstimmen. Auch in formaler Hinsicht demonstriert dieser Satz die Grundlage aller zweiten Sätze, nämlich das Prinzip der ostinaten Wiederholung eines Themas nach Art der Passacaglia. Dieses wird in den einzelnen Sätzen mehr oder weniger streng durchgeführt, abgewandelt oder mit anderen formalen Möglichkeiten verbunden. Die stärksten Beziehungen bestehen von daher gesehen zwischen dem ersten und sechsten Konzert. Die im ersten Konzert praktizierte passacagliaartige Variation eines Ostinato-Themas mit Schwerpunkt auf dem Gebiet der Harmonik wird im sechsten komprimiert durch Betonung des Formalen, durch strenge Arbeit mit einem Oberstimmen- und einem Baßthema. Im Gegensatz zum umfangreichen Oberstimmenthema des letzten Konzerts umfaßt das Ostinato-Thema des ersten in seiner Grundgestalt nur vier Takte. (Tafelbeispiel X) Es ist eine reich kolorierte, ausdrucksstarke Melodie. Die Kerntöne erläutern ihre Struktur:

Beispiel 1

Sie steigen im Umfang einer Quinte stufenweise abwärts (a''–d''), ergänzt durch den unteren und oberen Nebenton im (verminderten) Septimsprung cis''–b''. Auch die Baßstimme durchschreitet den Quintraum. Die ausgezierte Melodie entspricht also durchaus dem Thementyp der barocken Passacaglia.

Der Aufbau des Satzes erscheint zunächst ganz klar als Aneinanderreihung des Ostinatothemas auf verschiedenen Tonstufen. Es erscheint neunmal:
I und II (T. 1, T. 5) in der viertaktigen Grundform,
III, VI und IX (T. 9, T. 20, T. 31) auf drei Takte verkürzt,
IV/V und VII/VIII (T. 12, T. 23) kanonartig und auf acht Takte verlängert. Die Zitate III, VI und IX liegen in den Baßstimmen, die übrigen in Oboe I und Violino piccolo. Damit deutet sich eine formale Gliederung in drei Gruppen mit je zwei Oberstimmen- und einem Baßzitat, gefolgt von einer sechstaktigen Coda, an. Die wirklichen Zusammenhänge werden jedoch erst durch eine harmonische Analyse klar. Tatsächlich ist die Harmonik in diesem Satz außerordentlich spannungsreich, dissonant, – kühn. Bereits in den ersten vier Takten sind ihre wesentlichen Merkmale ausgeprägt: Die Tonart d-Moll des Themas (Oboe I) steht in Gegensatz zu seiner Harmonisierung A-Dur. So wird gleich zu Beginn die erwartete und vorgezeichnete Tonalität in Frage gestellt. Diese Polarität gilt für den ganzen Satz in der Art, daß die Tonart des Themas mit ihrer Dominante harmonisiert wird. Die Harmoniefolge beim ersten Themenzitat lautet: $A/A_7/gis_7$ vermindert $/A_7/$. Sie legt die affektive Bedeutung der Septakkorde dar, deren Anzahl in dem 39-taktigen Stück jener der Moll- und Durdreiklänge entspricht. Durch die Harmonisierung entstehen zu jedem Themenzitat Septakkordbildungen, mit Ausnahme der Baßzitate auch verminderte Septakkorde (Vgl. verminderte Septime im Thema!), die sich nicht in

einen Dreiklang auflösen, sondern zu einem weiteren Septakkord fortschreiten. Jedes Themenzitat, außer den Bässen, endet mit einem Septakkord in der Funktion des Dominantseptakkords zur (Haupt-) Tonart des nächsten Abschnitts, so daß die Harmonie auch formalen Sinn erhält.

Zu Beginn des Satzes erscheint das Thema zweimal in der Grundgestalt. Die Takte 5–9 entsprechen den Takten 1–4, indem das Thema nach g-Moll, die Harmonik nach d-Moll, transponiert ist, so daß auch die Grundtonart erreicht wurde. Diese wird jedoch schon in Takt 6 durch Erhöhung der Terz labil. Der Wechsel von Moll zu Dur und der dadurch verursachte chromatische Gang der Oboe (T. 5–7) betont die vom orgelpunktartigen Baß ausgehende harmonische Spannung noch stärker. Harmonik und Baßführung verbinden die ersten acht mit den letzten sechs Takten (T. 34ff.). Ausgehend vom verminderten Septakkord auf der VII. Stufe und melodischer, expressiver Kadenz der Oboe erfolgt die Auflösung in die Tonika d-Moll (T. 35). Sie wird scheinbar durch die Kadenzformel $V_7$-I (T. 35/36) bekräftigt, zieht jedoch eine merkwürdige Harmoniefolge zum im ersten Abschnitt Takt 7–8 vorgegebenen absteigenden Baß d C B A nach sich, die schließlich mit der Anfangstonart A-Dur endet:

Beispiel 2

Anfang und Ende des Satzes sind durch die aus dem Thema stammende absteigende Baßfolge und die gegenläufige Harmonieentwicklung aufeinander bezogen:

Takt 1–8 | Takt 35–39
A-Dur – d-Moll (/D-Dur) | d-Moll – A-Dur

Der dazwischen liegende Teil umfaßt fünf symmetrisch aufeinander bezogene Abschnitte, in denen das Thema in variierter Gestalt erscheint. In den auf drei Takte verkürzten Baßzitaten III (T.9), VI (T.20) und IX (T.31) entfallen die 32-tel -Kolorierung und der Septimensprung (Tafelbeispiel XI). Oboen und Streicher spielen dazu abwechselnd ein seufzer-ähnliches Wechselnotenmotiv. Die Solostimmenzitate IV und V (T. 12 ff.) sind um vier Takte verlängert, die aus der kanonartigen Imitation von Oboe und Violino piccolo resultieren. Das Oboenzitat ist geringfügig anders als in der Grundgestalt koloriert. Die ersten drei Takte des Violino sind dem vorangehenden Baßzitat entlehnt. Die Takte 23–30 mit den Solostimmenzitaten VII und VIII entsprechen den Takten 12–19 als Quarttransposition mit Stimmtausch zwischen Bläsern und Streichern.

Formübersicht zum 2. Satz

| | | | | | | | | Coda |
|---|---|---|---|---|---|---|---|---|
| Takt | 1 | 5 | 9 | 12 | 20 | 23 | 31 | 34 |
| Oboe I | I | | | IV | | VIII | | |
| Violino p. | | II | | V | | VII | | |
| Bässe | | | III | | VI | | IX | |
| Thema | d | g | c | a | d | d | g | |
| Tonart Harmonien | A–A7 | d–D7 | g–c | gis7–E7 | a–d | g–a7 | d–g | cis7–d7–a7–d–A |
| Gestalt des Themas | A | A | A' | A" | A' | A" | A' | ——— |

Der mittlere Teil ist nicht weniger dissonanzenreich als es Anfang und Ende des Satzes sind. Über die Septakkordbildungen hinaus werden die harmonischen Spannungen sogar noch verschärft. Dies geschieht bei den Baßzitaten durch Wechselnoten zu gehaltenem Baßton, durch Querstände und zu Reibungen führenden Durchgängen; bei den Oberstimmenzitaten durch imitatorischen Themeneinsatz im Abstand einer Viertelnote, der Sekundreibungen verursacht, durch den verminderten Septakkord als Begleitakkord zum Themeneinsatz Takt 12 und durch Chromatik in den Verlängerungstakten.

Dieser außerordentlich expressive Satz steht in krassem Gegensatz zu den ihn umgebenden lebendigen, kraftvollen Sätzen und scheint damit den Kontrast innerhalb des barocken Welt- und Lebensgefühls zu verkörpern.

„Dieser Satz ist ein Lamento, eine Klage, die von einzelnen ‚Klangindividuen' in dramatischer Konfrontierung angestimmt wird, wobei insbesondere die von schneidenden Dissonanzen erfüllte Mittelpartie mit dem in schmerzlicher Resignation in die Tiefe ziehenden Baßthema und der quasi-kanonischen Verflechtung der beiden hohen Instrumente Oboe und Violino piccolo wie ein leibhaftiger Dialog wirkt, der von der ganzen Gedankenlast einer melancholischen Weltsicht beschwert ist. Der Ausklang bringt jenen leidgequälten letzten Aufschrei mit der schmerzvollen Pietà-Gebärde und das Zerbröckeln der Kadenz, d.h. die völlige Auflösung unter der Wucht der vorangegangenen Klage." [Gerber, S. 48]

## 3. Satz: Allegro, 6/8, F-Dur

Dieser höchstwahrscheinlich für die Abfassung der Widmungspartitur zu einer bestehenden Vorlage hinzukomponierte Satz könnte seiner Bedeutung nach auch ein erster Konzertsatz sein. Er erlaubt die interessante Beobachtung, mit welchen Mitteln Bach ihn in die Partitur integrierte. Offensichtlich war es dem Komponisten ein besonderes Anliegen, dem Violino piccolo nach dem solistischen Einsatz im Adagio auch in einem Allegro einen bemerkenswerten Part zu geben. So stellte er dem eher mehrchörig angelegten Eröffnungssatz hier das Concerto grosso-Prinzip gegenüber, das das zeitweilige Hervortreten eines Instrumentes aus der Concertino-Gruppe gestattet.

Der Satz beginnt mit einem 16-taktigen Ritornell, aus dessen thematischen Material im wesentlichen alle Tutti- und Concertino-Abschnitte gebildet werden. (Tafelbeispiel XII) Zusammenhang mit dem Thema des ersten Satzes schaffen der (allerdings auf drei Takte gedehnte) aufsteigende Dreiklang, sequenzierende Sechzehntelfortspinnungen, Motivwiederholungen in Sequenzen, die durch eine Sequenzkette verlängerte Kadenz, das Motiv des langsamen Trillers als Gegenstimme zum Thema, Ähnlichkeiten der Instrumentation (taktweise Aussetzen der Hörner). Das dreiteilige Vivaldi-Modell ist durch Einfügung eines weiteren Motivs in die Fortspinnung modifiziert.

| **Vordersatz** | **Fortspinnung** | | **Epilog** | |
|---|---|---|---|---|
| 4 Takte | 3 Takte | 4 Takte | 5 Takte | |
| T. 1–4 | T. 4–7 | T. 8–11 | T. 12–14 | 14–17 |
| Motiv a | Motiv b | Motiv c | Motiv d | + Kadenz |
| F – C | C – F | g | C – F | |

Motiv c greift die Rhythmik des Vordersatzes auf, Motiv d die Sechzehntel der Fortspinnung. Vordersatz und Fortspinnung werden durch ein Baßzitat (T. 4) des ersten Taktes miteinander verbunden, das in den Takten 34 bzw. 101 wieder an der Nahtstelle zwischen einem Concertino- und einem Tutti-Abschnitt erscheint. Das Thema kehrt als Da capo (T. 108–124) am Satzende, und als Binnenritornell in der Dominante (T. 35–53), wieder. Motiv a tritt in den Takten 21–24 und an der Parallelstelle Takt 88–91 ritornellartig zwischen einem Violino piccolo-Solo und Concertino, sowie Takt 102–106 vor dem Schlußritornell auf. Die einzelnen Glieder des modulierenden Soloabschnitts Takt 53–83 werden durch die Motive c (T. 64–67, Ob./Vl. I, II – vgl. T. 8–11, Vl. I/Hrn.) und d (T. 68–70, Ob., um einen Sequenztakt verkürzt – vgl. T. 12. 14. 15, Vl. I) verbunden.

Die konzertierenden Abschnitte sind sehr abwechslungsreich angelegt. Besondere Bedeutung liegt stets auf dem Violino piccolo, dessen Part mit bemerkenswerten spieltechnischen Schwierigkeiten wie Drei- und Vierfach-Griffen versehen ist. Er tritt solistisch oder im Verband des Tutti, konzertierend mit Horn bzw. Oboe auf, und ist in zwei ritornellartige Zitate des Vordersatzes integriert, die er durch eine kurze solistische Fortspinnung und Kadenz beschließt

(T. 35–40 / 102–108). Das viertaktige Violino-piccolo-Solo Takt 17–20 (Tafelbeispiel XIII) prägt die Merkmale der folgenden Concertino-Abschnitte vor. Diese sind: Ableitung des Solothemas aus dem Ritornell-Thema, konzertierende Beteiligung der Baßgruppe mit bewegten, zum Teil motivischen Sechzehnteln gegenüber der akkordbestimmten Rhythmik der Tutti, Anbindung neuer Motive durch Kombination mit abgeleiteten an das Ausgangsmaterial.

Das Solothema 1 entspricht dem Vordersatz des Tutti-Themas mit Variante der Takte 3 und 4. Es wird von einer komplementärrhythmischen Gegenstimme der Bässe begleitet, die in Takt 4–5 die Oberstimme imitiert (Tafelbeispiel XIV). Die erste Sechzehntelgruppe kehrt zu Beginn aller Solo-Episoden wieder.

Das Solothema 2 (T. 25 ff., Tafelbeispiel XV) basiert auf dem ersten Takt von Motiv c, der sequenzierend in Imitationen zwischen Violino piccolo und Oboe mit kadenzierender Fortspinnung weitergeführt wird. Das Thema löst sich aus dem begleitenden Tutti zu solistischem Musizieren von Horn I, Violino und Continuo (T. 30–34).

Neues melodisches Material bringt der dem Binnenritornell folgende, deutlich abgesetzte Abschnitt (T. 53–83). Die Solothemen des Violino piccolo gehören inhaltlich zusammen, da sie jeweils die gleiche Fortspinnung aufnehmen. Das Solothema 3 (T. 53 ff., Tafelbeispiel XVI) beginnt mit einem kolorierten zweitaktigen, von C-Dur nach d-Moll kadenzierenden Motiv, das Solothema 4 (T. 70 ff., Tafelbeispiel XVII) mit einem zweieinhalbtaktigen, vom Vordersatz des Ritornell-Themas ausgehenden Motiv, das sequenziert wird. Die Fortspinnung von Solothema 3 wird in der Oboe durch eine Gegenstimme kontrapunktiert (T. 54, Tafelbeispiel XVIII), deren Stellenwert im Solothema 4 durch Übernahme in die Tutti-Violine (T. 74) bekräftigt wird. Die beiden Episoden gruppieren sich um ein ritornellartiges Tutti (T. 63–70), das aus den Motiven c und d gebildet ist. (vgl. S. 34). Verbindung zur Hauptthematik schaffen neben den Baßmotiven eine Sechzehntelfigur aus der Kadenz des Ritornell-Themas (Tafelbeispiel XIX; T. 53 Ob./T. 60, 61 Ob. – Vl. I – T. 80 Ob. – Vl. II, T. 81 Ob.), sowie ein Rückgriff auf Solothema 2 im Horn (T. 60–63; Tafelbeispiel XX) und dessen Variante (T. 70–72, 73–74, 80–81 Tafelbeispiel XXI). Der durch Pausen und Instrumentierung durchbrochene Tonsatz steigert sich zu einem Adagio (T. 82–83) mit Rückmodulation zur Tonika.

Bis zum Da capo des Anfangstutti setzt sich der Satz mit der Wiederaufnahme des Solo – Tutti – Wechsels der Takte 17–40 fort (mit geringfügiger Veränderung von Solothema 2, T. 25–34, und Rücktransposition des Tutti T. 35–40). Die Möglichkeit, die Takte 40–53 (= T. 5–17 des Ritornells) in diese „Reprise“ einzubeziehen, also eine vollständige Parallele zwischen Satzanfang und -ende herzustellen, mußte ausscheiden, da der Satz in diesem Falle mit zwei Ritornellen geendet hätte.

## Formübersicht zum 3. Satz

(siehe Seite 38/39)

4. Satz: Menuett, 3/4, F-Dur; Trio I, 3/4, d-Moll
5. Satz: Polonaise, 3/8, F-Dur; Trio II, 2/4, F-Dur

In der Reihenfolge Menuett – Trio I – Menuett – Polonaise – Menuett – Trio II – Menuett zu spielen. (Tafelbeispiele XXII-XXV)

Mit dieser 'Suite' wendet sich Bach der Welt der höfischen Tanz- und Gesellschaftsmusik zu. Die Praxis der Hinzufügung von Tanzsätzen an dreisätzige Sinfonien oder Konzerte ist aus der italienischen Musik um 1700 bekannt, in der dreiteiligen französischen Ouvertüre ohnehin gebräuchlich (vgl. Bachs Orchester-Ouvertüren). Hier geht es dem Komponisten jedoch nicht nur um eine suitenartige Aneinanderreihung von Tanzsätzen, sondern um ihre Verbindung mit dem Konzertprinzip. Dieses wird verkörpert durch die ritornellartige Umschließung der beiden Trios und der Polonaise durch das Menuett in Verbindung mit dem wechselnden Musizieren verschiedener Klanggruppen. Die Tutti-Besetzung des Menuetts alterniert mit dem Lullyschen Trio I der beiden Oboen + Fagott, der Streicher-Polonaise (ohne Violino piccolo), und dem dreistimmigen Trio II, gespielt von den beiden Hörnern und den drei Oboen. Die zweiteiligen Tanzsätze kontrastieren überdies untereinander durch verschiedene Ausdruckscharaktere. So ist das Menuett höfisch-konventionell gehalten gegenüber dem durch Terzen- und Sextenparallelen der Oberstimmen hervorgerufenen „galanten" Stil von Trio I. In der Polonaise erhält die erste Violine die melodische Führung. Sie verbindet den Charakter der Polonaise mit dem der französischen Musette durch rhythmisch gleichmäßige Figuren, Punktierungen, und eine durch forte hervorgehobene Bewegung 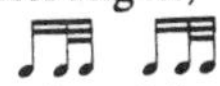 über Passagen liegender Baßtöne. Das Trio II im 2/4-Takt wirkt hingegen mit seiner einfachen Harmonik vital.

## Formübersicht zum 3. Satz

| Takt | 1 – 17 | 17 – 34<br>17–20 | 20–24 | 25– | 30–34 | 35 – 53<br>35–40 – | 53 |
|---|---|---|---|---|---|---|---|
| Besetzung | Tutti | Vl. picc.<br>B.c. | Tutti | Concertino<br>+ Tutti | Horn I, Vl.p.<br>B.c. | Tutti mit Solofortspinnung<br>Vl.p. | Streicher<br>Oboen |
| Thematik/<br>Motivik | Ritornell-Thema<br>a b c d | Solothema 1<br>a' | Ritornellmotiv<br>a | Solothema 2<br>c' | | Ritornell-Thema<br>a | <br>b c d |
| Tonart | F | F – C | F – C<br>(=T.1–4) | F C G | | C – G<br>(T.1–4) | C<br>(T.5–17) |
| Formabschnitt | Anfangs-<br>RITORNELL | Solo 1 | Tutti | Solo 2 | | RITORNELL | |

| Takt | 53 – 83<br>53–63 | | 63–70 | 70–81 | 82–83 |
|---|---|---|---|---|---|
| Besetzung | Vl. p., Ob.<br>B.c. | Horn I, II | Streicher,<br>Oboen | Concertino<br>+ Tutti | Streicher |
| Thematik/<br>Motivik | Solothema 3<br>T.54 Gegenstimme 3a | | Ritornellmotive<br>c d (verkürzt) | Solothema 4<br>+ " 3/3a | Adagio |
| Tonart | C d a | | a<br>(T.8–11,12,14,15) | a B g | B |
| Formabschnitt | Solo 3 | | Tutti | Solo 4 | |

| | | | | | | | |
|---|---|---|---|---|---|---|---|
| | | | **84 – 102 entspricht 17 – 34** | | | **102–108 entspricht** | **108–124** |
| Takt | | 84–87 | 88–91 | 92–102 | | 35–40 | |
| Besetzung | | Vl. p.<br>B.c. | Tutti | Concertino<br>+ Tutti | Horn I, Vl. p.<br>B.c. | Tutti mit Solofort-<br>spinnung, Vl. p. | Tutti |
| Thematik/<br>Motivik | | Solothema 1<br>a' | Ritornellmotiv<br>a | Solothema 2<br>c' | | Ritornellmotiv<br>a | Ritornell-Thema<br>a b c d |
| Tonart | | F – C | F – C | F – C | | F | F |
| Formabschnitt | | Solo 1 | Tutti | Solo 2 | | Tutti | Schluß-RITORNELL |

## BRANDENBURGISCHES KONZERT NR. 2, BWV 1047

| | | |
|---|---|---|
| Besetzung: | Tromba in F | Violino I, II in ripieno |
| | Flauto dolce | Viola in ripieno |
| | Oboe | Violone in ripieno |
| | Violino | Violoncello e Cembalo all'unisono |

### 1. Satz: Allegro, ₵, F-Dur

Mit dem vierstimmingen Concertino und dem als „Ripieno" gekennzeichnetem Tutti entspricht dieses Konzert dem Concerto grosso. So folgt die Anlage des ersten Satzes zunächst auch dem Vivaldischen Modell. Der Satz beginnt mit einem achttaktigen Ritornell-Thema des Tutti, dem sogleich ein zweitaktiges Solothema folgt. In den ersten dreißig Takten wechseln Tutti- und Solothematik ständig. Danach wird jedoch der Ritornell- bzw. Episodencharakter fraglich. Ritornell und Tutti, Episode und Solo verlieren nicht nur ihre Identität, vielmehr gibt Bach das Solothema auf, entwickelt den Satz mit dem Tutti-Thema weiter und überträgt dem Concertino die Verarbeitung der Tutti-Motive. Zwar wird das Solothema in den Takten 59–67 noch einmal episodenhaft fortlaufend vorgestellt und durch verschiedene Tonarten geführt, dann aber endgültig preisgegeben. Damit entfallen die für das Concerto grosso typischen Wesensmerkmale des thematischen und klanglichen Kontrastes.

Gegensätze entstehen nun durch mehr oder weniger dichte Satzweise der Tutti-Abschnitte, Form entwickelt sich aus der Verarbeitung der Motive des Anfangstutti. Diese Motive werden zitiert, kombiniert, variiert, umgebildet und in verschiedene Tonarten versetzt. Bach behält weiterhin die Motivfolge des Ritornells bei, so daß mehrere Abschnitte aufeinanderfolgen, die Ritornellcharakter mit Durchführungselementen vermischen. Diese Durchführungselemente sind so bedeutend, daß der Terminus „Durchführung" für die Abschnitte Takt 30–67, bzw. Takt 67–102 treffend und gerechtfertigt ist. Diesen modulierenden Perioden geht eine „Exposition“ im Sinne der Materialaufstellung voraus, ihnen folgt als „Reprise“ die Wiederaufnahme des Eröffnungstutti mit eingeschobenem Rückgriff auf die Verarbeitung eines Ritornellmotivs.

Das Tutti-Thema besteht aus vier Motiven (a b c d), die im Tonika-Dominant-Verhältnis aufeinanderfolgen. (Tafelbeispiel I) Jedes Motiv beruht auf Wiederholung; a und c entsprechen sich in ihrem anapästischen Rhythmus, b und c in ihrer fortlaufenden Sechzehntelbewegung. Zu Motiv a (T. 1–2) erklingt in den Bässen eine den Grundton umspielende Gegenstimme, zu Motiv c (T. 4–6) ein Sekundwechselmotiv im Anapäst-Rhythmus in Violine II. (Tafelbeispiele II und III) Die Kürze des Solothemas (Tafelbeispiel IV) mag seine wenig ausgeprägte Funktion im Satzverlauf andeuten. Es wird nacheinander von den Soloinstrumenten mit Continuo-Begleitung vorgetragen, jeweils durch das ritornellartig auftretende Motiv a des Tutti-Themas unterbrochen (T. 8–22). Nach der geringfügig veränderten Trompeten-Version (T. 20–22) wird das Ritornell vom Tutti mit den Motiven b, c, und d vervollständigt. Als Abschluß der Exposition folgt noch ein fünftes Solothema-Zitat in der Trompete mit Begleitung des übrigen Concertino. Der ganze Abschnitt steht harmonisch im Tonika- und Dominantbereich. Mit Takt 30/31 beginnt der modulatorische Teil mit der Verarbeitung der Tutti-Motive. In der Mitte tritt das Solothema ein letztes Mal hervor (T. 59–67). Es wird nacheinander in jedem Concertino-Instrument zitiert zu Continuo- und harmoniefüllender Begleitung der übrigen Soloinstrumente. Ab dem dritten Zitat (T. 63) kontrapunktiert die Flöte mit Seufzermotiven, die auf den zweiten Satz verweisen. Diese Themenzitate haben insofern Durchführungscharakter als sie durch verschiedene Tonarten des Subdominantbereichs geführt werden. Das Thema selbst bleibt mit Ausnahme der Variante in der Trompete (T. 65–67) unverändert.

Das Tutti-Thema erfährt seine eigentliche Verarbeitung in den beiden Durchführungen vor und nach dem Einschub des Solothemas. Außer Motiv d, dessen Epilog-Kadenz-Funktion erhalten bleibt, wird jedes der Tutti-Motive melodischen und satztechnischen Veränderungen unterzogen. Zusammenhang gewährt die Themengestalt, da die Aufeinanderfolge der Motive a b c d respektiert bleibt. In diesem Sinn entstehen in den beiden Durchführungen sechs Abschnitte, die untereinander Entsprechungen aufweisen: Die Takte 30–39 der ersten Durchführung werden in den Takten 75–83 und 93–102 der zweiten Durchführung wieder aufgenommen. Diese korrespondierenden Abschnitte haben Ritornellcharakter, da sie die Motive, dem ersten Tutti entsprechend, in die Tonikaparallele d-Moll bzw. deren Subdominante g-Moll und Dominante a-Moll transponieren. Anstelle von Motiv b tritt jedoch dessen um einen Takt verlängerte Verarbeitung mittels Sequenzierung, Imitation, Abwandlung und Kombination (T. 32–35; 77–79; 96–98): fortlaufende Sequenzierung in Flöte / Violine / Oboe und Continuo; charaktervolle Umbildung zu einem eigenständigen Motiv (Tafelbeispiel V), das sequenziert und zwischen Viola und Kontrabaß imitiert wird; Kombination mit einem aus a abgeleiteten Motiv, das Trompete und Oboe / Violine und Flöte imitatorisch weiterführen (Tafelbeispiel VI). Motiv c (T. 36–37) wird von einem gleichermaßen mit a und c verwandten Anapäst-Motiv kontrapunktiert, das bei allen folgenden ritornellartigen, das heißt nicht verarbeiten, c-Zitaten beibehalten wird. (Tafelbeispiel VII) Schließlich erklingt dazu gleichzeitig das anapästische Begleitmotiv des Anfangstutti.

Die Verarbeitung von Motiv a beginnt im zweiten Abschnitt der ersten Durchführung (T. 39–47). Das Motiv erscheint viermal hintereinander ganz den Soloinstrumenten übertragen, kombiniert mit der Baßgegenstimme aus Takt 1–2, deren Umkehrung (Tafelbeispiel VIII), sowie dem Anapäst-Begleitmotiv im Tutti:

| | T.39–40 | 41–43 | 43–45 | 45–47 |
|---|---|---|---|---|
| Motiv a | Trompete | Fl. | Ob. | Ob. |
| Umkehrung der Gegenstimme | Flöte | Trp. | Fl. | Vl. |
| Gegenstimme | Oboe, Violine | Ob., Vl. | Vl. | B.c. |
| Anapäst-Motiv | Violine I, II, Viola | ⟶ | | |

Dieser Passage verleiht Bach durch die Dynamik besondere Bedeutung. Durch die Vorschriften „piano“ und „piu piano“ beim Anapäst-Motiv entsteht Echowirkung.

In den beiden letzten Abschnitten der zweiten Durchführung wird der Motivkopf variiert (T. 84/85; Tafelbeispiel IX), beziehungsweise das ganze Motiv stimmenweise imitiert (Bässe – Trompete, T. 87–89; Flöte/Violine – Oboe/Trompete, T. 93–95).

Gegenüber diesen kompakter gesetzten Tutti-Abschnitten wirkt die Verarbeitung von Motiv c lockerer, im Sinne von Concertino-Abschnitten. Das Motiv wird von Violine, Oboe und Flöte taktweise zu repetierten Dreiklängen und Dreiklangsbrechungen durch verschiedene Tonarten geführt, wieder mit Echowirkungen durch die Bezeichnungen „piano“ und „forte“ (1. Durchführung T. 50–55, 2. Durchführung T. 72–74). Selbst in das Schlußritornell schiebt Bach sechs Takte dieses Quasi-Concertino-Abschnitts ein, denen eine Verlagerung des Motivs in die Bässe folgt (T. 107–114), bevor die ritornellgemäße Wiederaufnahme der Takte 5–8 den Satz beendet. Durch dieses Verfahren, sowie durch den abrupten Unisono-Einsatz des Ritornells (T. 102) in der Tonika ohne vorangegangene Modulation der zuvor erreichten Tonart a-Moll nach F-Dur, stellt sich das Ritornell als Reprise im Sinne der Wiederaufnahme des Anfangstutti und eines wesentlichen Abschnitts der Durchführungen in der Art des Concertino dar.

Die Baßstimme der das Motiv c verarbeitenden Takte 50–55 wird im Einschub des Schlußritornells Takt 107–112 zum klingenden Monogramm des Komponisten transponiert:

| | | | | | | |
|---|---|---|---|---|---|---|
| Takt 50–55 | es | d | f | e | g | f |
| Takt 107–112 | As | G | B | A | C | H |

# Formübersicht zum 1. Satz

| Takt | 1 – 8 | 8 – 30 | 30 – 39 | 39 – 59 | 59 – 67 |
|---|---|---|---|---|---|
| Besetzung | Tutti | Solo – Tutti – Wechsel | Tutti | Tutti | Solo |
| Motive | Thema<br>a b c d | S a S a S a S b c d S | a $b^{df.}$ c d | $a^{df.}$ b $c^{df.}$ c d | S S S S |
| Tonart | F C F C | F C F | d | d G C F. C. $F_7$ D $G_7$ E $A_7$ $F_7$ B | Es-B g As-Es c |
| Formabschnitt | Ritornell | | Ritornell | | |
| | „EXPOSITION" | | 1. DURCHFÜHRUNG | | |

| Takt | 67 – 74 | 75 – 83 | 84 – 87 | 87 – 93 | 93 – 102 | 102 – 118<br>106 \| 107 – 114 \| 115 |
|---|---|---|---|---|---|---|
| Besetzung | Tutti | Tutti | Tutti | | Tutti | Tutti |
| Motive | a b $c^{df.}$ | a $b^{df.}$ c d | $a^{df.}$ $a^{var.}$ | $a^{imit.}$ $b^{df.}$ | $a^{imit.}$ $b^{df.}$ c d | Thema<br>a b $c^{df.}$ c d |
| Tonart | c g $CF_7D$ | g $c_7g$ g D-g | g $A_7$ | F gFEa | a $dGCFh_7$ E a | F C $B_7G_7C_7A_7$ F C F<br>$D_7h_{7v}C_7$ |
| Formabschnitt | | Ritornell | | | Ritornell | |
| | | 2. DURCHFÜHRUNG | | | | „REPRISE" |

## 2. Satz: Andante, 3/4, d-Moll

Wie im ersten Konzert ist auch die Besetzung dieses langsamen Satzes reduziert. Außer dem Blechblasinstrument schweigt jedoch auch das Tutti, so daß ein Kammermusiksatz für Flöte, Oboe, Violine und Violoncello + Cembalo vorliegt. Wie im ersten Konzert ist die ostinate Wiederholung eines Themas Gestaltungsprinzip. Dieses wird hier durch Imitation der hohen Instrumente über einem in gleichbleibenden Achteln fortlaufenden Baß verwirklicht. So entsteht der Eindruck ständiger Bewegung ohne Zäsuren. Die Kadenztakte der Baßstimme mit ihren harmonischen Zielen gliedern den Satz allerdings in fünf verschieden lange Abschnitte:

| | | | | |
|---|---|---|---|---|
| T. 1–15 | 15–23 | 23–33 | 33–43 | 43–65 |
| d – a | a – C | C – B | B – g | g – D |

Das Thema (Tafelbeispiel X) besteht aus zwei kontrastierenden Phrasen. Es wird von der Violine vorgestellt und nacheinander von Oboe (T. 3) und Flöte (T. 5) imitiert. Die Imitationen sind so angelegt, daß der Nachsatz des einen Zitats den Vordersatz des nächsten als Kontrapunkt begleitet. Dadurch erhält Motiv a als Melodieträger Vorrang gegenüber Motiv b.

Das Thema erscheint im Verlauf des Satzes dreizehnmal, entweder in seiner Grundgestalt oder in Varianten:

Beispiel 3

Die im dritten Zitat (T. 5) zwischen Vordersatz und Nachsatz eingeschobene, aus Motiv a abgeleitete Phrase (T. 7–9) bildet ihrerseits Varianten, die sich im zweiten Abschnitt (T. 15–23) verselbständigen und imitierend die Funktion des Themas übernehmen:

Beispiel 4

Der Überblick (s. S. 47) verdeutlicht, daß von Takt 1–33 das gesamte thematische Material in Grundgestalt, Varianten und Ableitungen vorgestellt wird. Durch die Kontrapunktierung von Motiv b zu Motiv a bei den Imitationen erhält der Vordersatz des Themas in diesem Teil die stärkere melodische Bedeutung. Ab Takt 33 ist dagegen das Thema als Ganzes weniger wichtig geworden; es erscheint zudem nur noch in Form von Varianten. An seiner Stelle nehmen Imitationen des Motivs b breiten Raum ein. Die beiden kontrastierenden Phrasen haben also formal-konstruktive Bedeutung.

# Formübersicht zum 2. Satz

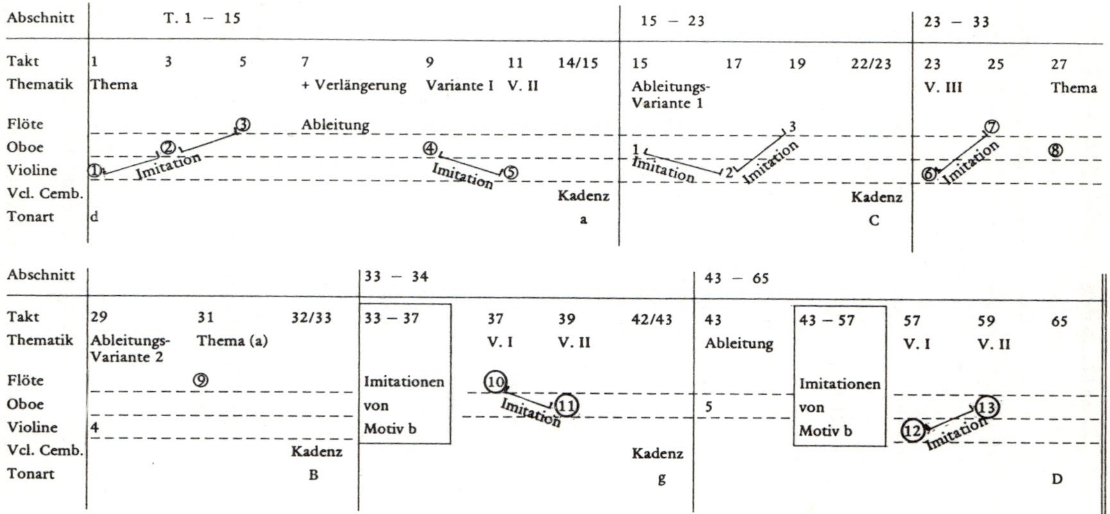

## 3. Satz: Allegro assai, 2/4, F-Dur

In diesem Satz verbindet Bach Konzert- und Fugenprinzip. Ebenso hat er die Schlußsätze des vierten und fünften Konzerts als „konzertante Fugen“ gearbeitet. Fuge und Konzert besitzen durch ihre Wesensmerkmale korrespondierende Funktionspaare, die eine Verbindung beider Prinzipien ermöglichen: ‘Durchführung’ und ‘Zwischenspiel’ der Fuge entsprechen als thematische und themafreie Satzabschnitte Ritornell und Episode des Konzerts. Die Durchführung eines Themas als Dux und Comes ist in den formalen Tutti – Solo – Wechsel integrierbar. In Vivaldis und Bachs konzertanten Fugen [siehe Dahlhaus, S. 46ff.] bilden die Exposition des Fugenthemas mit Fortspinnung und Kadenz das Ritornell. Dieses wird im Ganzen, oder auf die Durchführung bzw. einzelne Einsätze verkürzt, in verwandte Tonarten transponiert und zum Schluß wieder in der Tonika aufgenommen. Die Zwischenspiele vermitteln modulatorisch den Übergang zu den Tonartenstationen. Ohnehin stimmt das Harmonieschema von Fugendurchführungen und Konzertritornellen überein: Tonika – Parallele – (Sub-) Dominante – Tonika.

Abstrahiert beruht die Form der konzertanten Fugen Bachs auf Vivaldis Konzertform mit den Konstanten Tutti (bzw. thematisches Ritornell) – Thema – Tonartenstation / Solo (bzw. nichtthematische Episoden) – Figuration – Modulation. In seiner Weise wandelt Bach das Modell um und demonstriert in den Schlußsätzen von drei Brandenburgischen Konzerten drei grundverschiedene Möglichkeiten der konzertanten Fuge. Diese beruhen im zweiten Konzert auf einem nichtthematischen Ritornell des Tutti und Durchführung und Episoden der Soloinstrumente; im vierten Konzert auf dem thematischen Ritornell des Tutti und thematischen Episoden der Soloinstrumente; im fünften Konzert auf der Durchführung des Themas in Concertino und Tutti in den Außenteilen des Satzes und Verarbeitung des Themas in sechs Abschnitten des Mittelteils.

Der vorliegende Satz ist mit Schwerpunkt auf dem Concertino komponiert. Diesem ist im wesentlichen die kontrapunktische

Arbeit anvertraut. Von zwölf Themeneinsätzen erfolgen zehn in den Soloinstrumenten. Die beiden übrigen führt der Baß aus, der auch in den Soli als Fundament wirkt, wie es gleich zu Beginn der begleitete erste Themeneinsatz darlegt. So setzt sich in diesem Konzert die immer stärkere Bedeutung des Concertino (1. Satz – Verarbeitung der Tutti-Motive, 2. Satz – ohne Tutti) folgerichtig vom ersten bis zum dritten Satz fort. Zwar enthält der dritte Satz je vier Concertino- und Tutti-Abschnitte, sie sind jedoch nicht in formaler Ausgewogenheit aufeinander bezogen. Vielmehr überwiegt die Anzahl der Concertino-Takte mit Fugentechnik, so daß sich die Gliederung nicht durch Solo – Tutti – Wechsel, sondern durch den Tonartenplan zu erkennen gibt. Der erste Teil als Solo-Exposition umfaßt mit der Durchführung von sechs Themeneinsätzen die Bereiche von Tonika und Dominante (T. 1–66), die zweite Durchführung jene der Tonikaparallele und Subdominante (T. 66–113), die dritte Durchführung kehrt, wie die zweite mit drei Einsätzen, zu Tonika/Dominante und Tonika zurück (T. 113–139).

Das sechseinhalbtaktige Thema (Tafelbeispiel XI) ist charakterisiert durch den Quintsprung vom Tonika- zum Dominantgrundton, der dann umkreist (T. 1–4) und in Takt 5–7 durch gleichmäßige Sechzehntel-Bewegung mit Sequenzierung fortgesetzt wird. Neben der Rhythmik  weist das Thema auch melodische Gemeinsamkeiten mit jenem des ersten Satzes auf, die bis zur Gleichheit gehen (Tafelbeispiel XI). Bach moduliert das Fugenthema als Dux von der Tonika in die Dominante und verfährt ebenso bei den Comes-Einsätzen, mit Ausnahme der beiden Tutti-Einsätze (Baß) Takt 72 und 119, die von der Dominante der Tonikaparallele zur Tonikaparallele (A-Dur nach d-Moll), bzw. der Dominante zur Tonika (C-Dur nach F-Dur) zurückmodulieren.

Das Thema erscheint immer zusammen mit dem zu Anfang aufgestellten Kontrapunkt 1 bzw. seinen Abwandlungen:

Beispiel 5

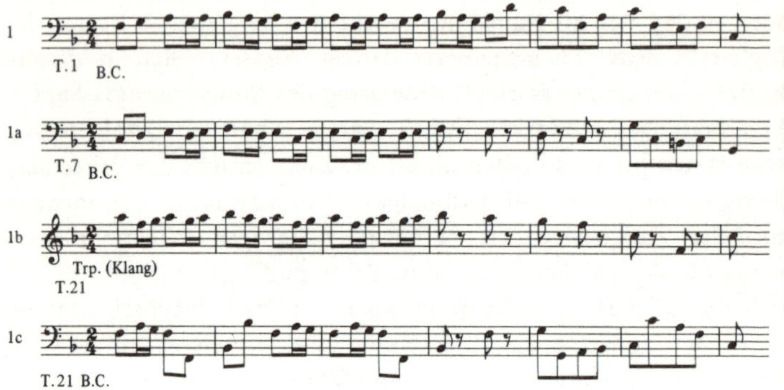


Vom zweiten Einsatz an (T.7) tritt der zweite, mit Ausnahme der beiden Tutti Takt 72 und 119, beibehaltene Kontrapunkt 2 auf. Er verläuft umgekehrt gegenüber Kontrapunkt 1: dem Beginn mit Achteln auf den Zählzeiten folgt eine parallel mit dem Thema verlaufende Sechzehntelfortspinnung:

Beispiel 6

Neben den fortlaufenden Sechzehnteln kündigt die Synkope Motiv 3 an, das in den Takten 13–20 zwischen zwei Themeneinsätzen, und in den Takten 85–97 zwischen zwei Tutti-Abschnitten als Zwischenspiel bzw. Episode fungiert. Das Motiv wird jeweils imitatorisch geführt:

Beispiel 7

Aus diesem Motiv ist wiederum die Tutti-Thematik abgeleitet. Die abgeleiteten Motive erscheinen in allen Tutti-Abschnitten (T. 47–57, 79–85, 97–107, 126–132) und nur hier, immer gemeinsam, nämlich: Motiv 5 immer in zwei Instrumenten in Terzparallelen, T. 79 in Sextparallelen, Motiv 6 komplementärrhythmisch:

Beispiel 8

Diese Tutti haben also die Funktion des Konzertritornells. Blickt man von hier aus auf die Exposition zurück, so wird ein Gestaltungsprinzip deutlich. Die Exposition umfaßt zunächst in Dux- und Comes-Einsätzen die vier Soloinstrumente (bis T. 33) und nimmt nach einem achttaktigen, einmalig erscheinenden imitatorischen Zwischenspiel

Beispiel 9
Motiv 4

den vierten Einsatz (Comes, T. 27) in Takt 41 mit Stimmtausch nochmals auf, der gleichsam als Einleitung des Ritornells wirkt. Entsprechend sind die Takte 72–85 und 119–136 nach der Formel Comes-Einsatz – Ritornell komponiert.

# Formübersicht zum 3. Satz

| I. Teil T. 1–66 | II. Teil T. 66–113 | III. Teil T. 113–139 |
|---|---|---|
| Solo - Exposition<br>**Concertino T. 1–47**<br>T. 1 $I_1$ Thema Trp., Dux<br>F-Dur<br>Kontrapunkt 1 B.c. | **Concertino T. 66–72**<br>T. 66 $II_1$ Thema Ob., Dux<br>d-Moll<br>Kp. 1 b Vl.<br>Kp. 2 Fl.<br>Kp. 1 c B.c. | **Concertino T. 113–119**<br>T. 113 $III_1$ Thema Fl., Dux<br>F-Dur<br>Kp. 1 b Ob.<br>Kp. 2 Trp.<br>Kp. 1 c B.c. |
| T. 7 $I_2$ Thema Ob., Comes<br>C-Dur<br>Kp. 2 Trp.<br>Kp. 1 a B.c. | **Tutti T. 72–85**<br>T. 72 $II_2$ Thema Bässe, Comes<br>A-Dur<br>Kp. 1 b Fl. | **Tutti T. 119–139**<br>T. 119 $III_2$ Thema Bässe, Comes<br>C-Dur<br>Kp. 1 b Fl. |
| (EPISODE) Zwischenspiel<br>T. 13 Motiv 3 Imitation Ob.-Trp.<br>G-Modulationen nach F-Dur | (RITORNELL) T. 79–85 Motiv 5 Fl. Trp.<br>Motiv 6 Bässe<br>Motiv 3 Ob.<br>g-Moll | (RITORNELL) T. 126–136 Motiv 5 Ob.<br>Motiv 6 Fl.<br>Motiv 3' Trp.<br>B-Dur – F-Dur |
| T. 21 $I_3$ Thema Vl., Dux<br>F-Dur<br>Kp. 1 b Trp.<br>Kp. 2 Ob.<br>Kp. 1 c B.c. | (EPISODE) **Concertino T. 85–97**<br>Zwischenspiel<br>T. 85 Motiv 3 Imitationen<br>Ob. Fl. Vl. Trp.<br>g-Moll – Modulationen nach B-Dur | T. 136 $III_3$ Thema verkürzt, Trp., Dux<br>F-Dur<br>Kp. 1 b Vl. |

| | |
|---|---|
| | T. 27 $I_4$ Thema Fl., Comes<br>C-Dur<br>Kp. 1 b Ob.<br>Kp. 2 Vl.<br>Kp. 1 c B.c. |
| EPISODE | Zwischenspiel<br>T. 33 Motiv 4 Imitationen<br>Fl. – Ob.<br>C-Dur-Modulationen<br>nach C-Dur |
| | T. 41 $I_5$ Thema Trp., Comes<br>C-Dur<br>Kp. 2 Fl.<br>Kp. 1 b Vl.<br>Kp. 1 c Ob. |
| RITORNELL | **Tutti T. 47–57**<br>Motiv 5 Trp. Vl.<br>Motiv 6 Ob.<br>Motiv 3 Fl.<br>a-Moll nach C-Dur |
| | **Concertino T. 57–66**<br>T. 57 $I_6$ Thema Vl., Comes<br>C-Dur<br>Kp. 1 b Fl.<br>Kp. 2 B.c. |
| RITORNELL | **Tutti T. 97–107**<br>Motiv 5 Ob. Bässe<br>Motiv 6 Trp.<br>Motiv 3' Fl.<br>c-Moll-Modulationen<br>nach B-Dur |
| | **Concertino T. 107–113**<br>T. 107 $II_3$ Thema Ob.<br>B-Dur<br>Kp. 1 b Trp.<br>Kp. 2 Bässe |

Besetzung: Violino I, II, III
Viola I, II, III
Violoncello I, II, III
Violone e Cembalo

Das dritte Brandenburgische Konzert ist, ebenso wie das sechste, ein reines Streicherkonzert. Beide stehen durch ihren homogenen Klangcharakter im Gegensatz zu dem durch die Soloinstrumente ‚gespaltenen' Klang in den übrigen Konzerten. Während Bach das sechste Konzert jedoch durch Instrumente ausschließlich mittlerer und tiefer Lage dunkel färbte, stellt er im dritten Konzert die das ganze Tonspektrum umfassenden Streichergruppen von je drei gleichen Instrumenten und Basso continuo in den Mittelpunkt. Die Gruppen musizieren in zehnstimmigem Satz gemeinsam, im Wechsel oder mit solistischem Heraustreten einer Stimme.

Zwischen den beiden Allegro-Sätzen besteht einerseits motivische Verwandtschaft durch das Sekundwechselmotiv des Anfangs, andererseits kontrastieren sie formal durch die komplizierte Anlage des ersten und die Klarheit des zweiten Satzes.

### 1. Satz: Allegro, ₵, G-Dur

„Betrachten wir den ersten Satz, so muß zunächst festgestellt werden, daß das am Satzanfang vom ganzen Orchester vorgetragene Thema in einem Umfange Mittelpunkt und Seele des musikalischen Geschehens ist, wie dies bei keinem anderen der sechs Konzerte beobachtet werden kann. ... Es gibt in dem Satz kaum einen Takt, in dem nicht das anapästische Kopfmotiv mit dem typischen Sekundwiderschlag am Werke wäre, sei es, daß es in den melodischen Zusammenhang verwoben ist oder durch sekundäre Motivfigurationen hindurchklingt. ... Diese Gedrängtheit und Dichtheit der motivischen Substanz veranschaulichen einen stile d'une teneur, eine Einheitlichkeit und Konzentriertheit, wie sie selbst bei Bach in dieser Ausschließlichkeit nicht oft zu beobachten sind. Jeder motivische oder gar thematische Dualismus ist hier vermieden. Alle scheinbar neuen Gedanken sind im Sinne der Metaphysik Spinozas nur wesenlose 'Modi', Wellengekräusel, das über dieser allgegenwärtigen Grundsubstanz entsteht und wieder vergeht, ohne etwas wesenhaft Gegensätzliches auszuprägen. Es handelt sich hier um eine monumentale Verkörperung des monistischen Prinzips. Vielleicht ist es hierin begründet, daß Bach darauf verzichtet, eine rationale Ordnung durchzuführen. Denn es ist auffallend: so einheitlich gefügt das Ganze in motivischer Hinsicht ist, so wenig überschaubar ist es in formaler Beziehung. ..." [R. Gerber, S. 24/25]

Tatsächlich ist das von den Violinen vorgetragene Tutti-Thema (Tafelbeispiel I) beherrschende Substanz des Satzes. Es besteht nach Vivaldischem Modell aus den Motiven a (Vordersatz), b (Fortspinnung), c (Epilog), d (Epilog-Fortspinnung). Motiv a stellt mit den Wiederholungen des rhythmischen Musters  den Tonika-Dreiklang auf. Zum Motivende erklingt in den Bratschen ein auf dem Dreiklang aufbauendes Motiv e, das im Satzverlauf gleichrangig neben den anderen Motiven erscheint (Tafelbeispiel II). Das charakteristische Sekundwechselmotiv des Vordersatzes ist auch Ausgangspunkt der Motive b und c, allerdings mit tiefgreifenden metrischen Veränderungen:

Motiv a 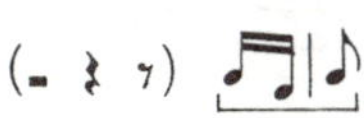 auftaktig,

Motiv b  fällt auf die betonte Taktzeit (3.)

Motiv c  volltaktig; die Rhythmik ist graphisch

mit Motiv a identisch, in Wirklichkeit erhält sie jedoch durch die Anbindung an ein Achtel entgegengesetzte Wirkung.

Violoncello und Continuo konfrontieren die betonten Taktzeiten des Fortspinnungsmotivs mit den leichten des Kopfmotivs (T. 2/3). In der Epilog-Fortspinnung vereinigen sich alle Instrumente zum abtaktigen Unisono. Das ganze Thema beruht also auf einer grundlegenden metrischen Spannung seiner Motivglieder. Dadurch erklären sich auch Auftreten und Funktion des Bratschenmotvis e:

Es überbrückt den metrischen Gegensatz von Vordersatz und Fortspinnung [ebenso wie der Ton cis' in den Violinen, vgl. R. Stephan, Die Wandlung ..., S. 135].

Alle Motive kehren in vielfältiger Weise im Satzverlauf wieder.

**a:** $a^1$ = Kopfmotiv (Vgl. Vla. T. 10/11)

$a^2$ = die ersten beiden Anapäste (vgl. Vl. T. 8)

$a^3$ = $a^1$ aufsteigend (vgl. Vcl. T. 37)

Beispiel 10

$a^4$ = Kopfmotiv in Sequenzen durch die Stimmen absteigend (vgl. Vl./Vla. T. 97 ff.)

Beispiel 11

Variante a' (immer kanonisch)

Beispiel 12

**b:** $b^1$ = b zwischen Violine und Viola imitiert und fortgesponnen (vgl. T. 23–28)

$b^2$ = ausharmonisierte Variante von b (vgl. T. 31ff.)
$b^3$ = sequenzierte Variante von b in Violine I, II (siehe T. 82ff.)
Solothema = motivischer Sekundwechsel aus a, rhythmisch aus b abgeleitet. (Mit und ohne Auftakt) (Tafelbeispiel III)

e: $e^1$

Beispiel 13 a

$e^2$ kontrapunktisch mit Motiv a

Beispiel 13 b

Nach dem Anfangstutti beginnt die alle Satzabschnitte beherrschende intensive motivische Arbeit. Die Motive werden nicht nur linear miteinander verbunden, sondern erfahren in vielfältiger Gegeneinanderstellung, Kombination und Konfrontation spannungsvolle Verarbeitung, die jeweils auf ein Ziel, Kadenz oder vorläufige Lösung im Motiv der Epilog-Fortspinnung, gerichtet ist. Naturgemäß prallen durch diese Verfahren die im Thema begründeten rhythmischen Gegensätze aufeinander, werden sogar durch einzelne Umdeutungen verstärkt. Die beiden rhythmischen Prinzipien der Auf- und Abtaktigkeit werden in Kontraste verwickelt, die durchaus als dialektisch zu bezeichnen sind [vgl. dazu R. Stephan, Die Wandlung ..., S. 137]. Diese Dialektik äußert sich auch an den 'Nahtstellen' zwischen Abschnitten, die von der Volltaktigkeit des vorangehenden zur Auftaktigkeit des folgenden Motivglieds überleiten. Zum Beispiel:

Takt 35–40: Bach läßt zur Verknüpfung der Motive b und c mit Motiv a unmittelbar aus der Abtaktigkeit das auftaktige Ableitungsmotiv $a^3$ hervorgehen und durch die Instrumentengruppen aufsteigen bis zum bruchlosen Übergang in Motiv a

Takt 53–54: Das mit Motiv $a^1$ (auf betonte Taktzeit verlagert!) kombinierte volltaktige Solothema wird mit dem darauf folgenden Themenzitat durch Überschneidung mit der Auftaktigkeit von Motiv a verbunden.

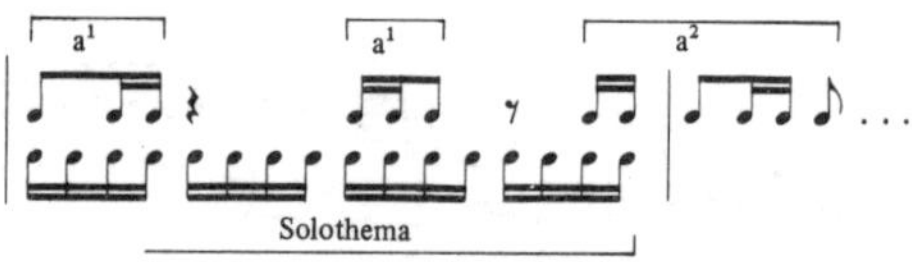


Zusammenstellung der wichtigsten Motiv-Kombinationen bzw. -konfrontationen (vgl. auch Formübersicht S. 62/63):

| | |
|---|---|
| Takt 10/11 | Motiv e, durch Versetzung in die Violinen dem Hörer bewußt gemacht, + Schluß von Motiv a (Vcl. III) bzw. $a^1$ (Vla.) |
| Takt 22 | Motiv a' (Vl. Vla.) + a, verkürzt (Bässe) |
| Takt 23–28 | Motiv $b^1$ in Imitation zwischen Violine I – Viola I bzw. Violine II – Viola II + a |
| Takt 31–34 | Als erster Höhepunkt: Verschiebung der Motive a und b aus der Aufeinanderfolge in die Gleichzeitigkeit durch kontrapunktische Verflechtung. Motiv $b^2$, ausharmonisiert (Vl. bzw. Vla.) + a (Bässe) |

Takt 47–53 Solothema + $a^1$ (auftaktig!)

Takt 77–90

(vgl. Beispiel 13b, S. 57) –

Als zweiter Höhepunkt: Fugato-Kombination (Tonika – Dominante) von Motiv a (Vl. II/I) mit Motiv $e^2$ (Vl. I/II), das sich aus dem in a versteckten Tonika-Dreiklang aufbaut, und den in Achtel vergrößerten ersten vier Tönen von Motiv b (T. 78, T. 80; Vla. – Vcl.). Diesem Fugato schließt sich Takt 82 eine mit Motiv $a^1$ kombinierte, aus b abgeleitete Sequenz, $b^3$ (Vl. I, II), an. Nach einem weiteren Tonika-Einsatz der Motive

a } (Vla. I, II
$e^2$ } Vl. III/Vla. III, T. 85–87) gipfelt der Abschnitt in der Konfrontation von Polyphonie der Einzelstimmen mit akkordischer Klangfläche des Tutti (T. 87–90).

Takt 108–118 –

Dieser Abschnitt stellt einen weiteren Höhepunkt dar. Nach jeweils eintaktigem Wechsel der das Solothema mit Motiv $a^1$ auf den Taktschwerpunkten kombinierenden Instrumente (Vl. II–I–III; Vla. I–II–III) verbleibt das Solothema über fünf Takte in den Violoncelli. Gleichzeitig erklingt Motiv $a^1$ auf den schweren Taktzeiten in den Violinen, auf den leichten in Umkehrung in den Violinen.

Die durch die metrischen Gegensätze gegebene Dialektik bestimmt auch die formale Anlage, die schwer zu durchschauen ist. Das Verhältnis der Motive und der Instrumentenkombinationen, nicht die Abwandlung eines Formmodells, bestimmt den Aufbau des Satzes. Jedoch ist die Entscheidung, ob eine Solo- oder Tutti-Partie vorliegt, nicht immer leicht zu treffen. Immerhin sind zunächst als Orientierungspunkte drei ritornellartige Wiederholungen des Tutti-Themas und vier auf dem gleichen Motiv basierende Solo-Episoden auszumachen.

Im Gegensatz zum an Anfang und Schluß von den Violinen unisono vorgetragenen Thema beginnen dessen folgende Zitate mit dem ausharmonisierten Motivkopf. Zudem verteilt sich der Vordersatz bei den ersten beiden Wiederholungen (T. 38ff. bzw. T. 53ff.) auf Violinen und Bratschen. Im folgenden Ritornell zitiert Bach als Variante des Fortspinnungsmotivs b den Anfang des Solothemas aus dem ersten Satz des zweiten Konzerts:

Beispiel 14

Die Solo-Episoden kontrastieren durch die führende solistische Melodiestimme über repetierten Akkordbegleittönen.

Dazwischen liegen das Thema verarbeitende Abschnitte. Jeder Abschnitt beginnt mit Motiv a in einer seiner Ausprägungen, so daß der Satz in sechs mehrfach untergliederte Durchführungen mit vier eingeschobenen Episoden und umrahmendem Tutti-Thema geteilt sein könnte:

| | | | | | | |
|---|---|---|---|---|---|---|
| Takt 1–8 | 8–15 | 15–23 | 23–31 | 31–38 | 38–46 | 46–53 |
| Thema | | 1. Durchführung | | | Thema | 1. Episode |

| | | | | | |
|---|---|---|---|---|---|
| Takt 53–58 | 58–67 | 66–70 | 69–74 | 74–77 | 77–90 |
| Thema | | 2. Episode | Thema | | |
| 2. Durchführung | | | 3. Durchführung | | 4. Durchführung |

| | | | | | |
|---|---|---|---|---|---|
| Takt 91–97 | 97–101 | 101–107 | 107–119 | 119–122 | 122–125 |
| 3. Episode | | | 4. Episode | | |
| | 5. Durchführung | | | 6. Durchführung | |

| |
|---|
| Takt 125–136 |
| Thema |

Diese Gliederung berücksichtigt jedoch nicht den Unterschied zwischen den, wenn auch in den Einzelgliedern veränderten oder verkürzten, ritornellartigen Themenzitaten und den motivverarbeitenden, auf eine Lösung hinstrebenden Abschnitten, die gleichermaßen durch eine Kadenz verdeutlicht werden. Form entsteht daher in diesem Satz als ein dynamischer Prozeß, der aus der besonderen Art eines im Thema angelegten metrischen Dualismus hervorgeht. Dieser Prozeß vollzieht sich in immer neuer durchführungsartiger Verarbeitung der geschilderten motivischen und metrischen Kombinationen, die sich auch auf die Themenwiederholungen erstreckt. Als vorläufiges Ergebnis erreichen die Abschnitte mit einer Ausnahme (T. 97–101) das Schlußmotiv d des Themas mit Kadenz. Ziel der Entwicklung ist die Schlußwiederholung des Anfangsthemas als endgültige Lösung der vielfältigen Verknüpfungen. Allerdings wird diese erst nach einer spannungsgeladenen, zwischen Epilog und Epilog-Fortspinnung eingeschobenen Durchführungspartie erreicht, in deren Anschluß Motiv d zu überzeugender Schlußkraft gelangt.

# Formübersicht zum 1. Satz

| Takt | 1 – 8 | 8 – 31 | | 31 – 46 | | 46 – 58 | |
|---|---|---|---|---|---|---|---|
| | | 8 – 15 | 15 – 31 | 31 – 38 | 38 – 46 | 46 – 53 | 53 – 58 |
| Formabschnitt | I | | II | | III | Episode | IV |
| Thematik/ | **Thema** | | T. 22 | | **Thema** | Solothema | **Thema** |
| Motive | a b c d | $a^2$ [$e^1$ / $a^1$] c | $a^2$ [$a^1$ / $e^1$] a [$e^1$ / $a^1$] ¦ [a' / a] [$b^1$ / $a^1$] [a' / a] d' | [$b^2$ / a] $e^1$ [$a^1$ / b] $c_v$ $a^3$ | a b c d | | variiert $a^2$ [$a^3$ / b] $c_v$ d |
| Tonart | G | G – D | G C | C – G | G | G – e | e |
| Besetzung | Tutti | Solo-Tutti | S – T | S – | Tutti | S | Tutti |
| | Kadenz | | | Kadenz | | Kadenz | Kadenz |

| Takt | 58 – 74 | | | 74 – 101 | | | | | |
|---|---|---|---|---|---|---|---|---|---|
| | 58–67 | 66–69 | 69 – 74 | 74 – 77 | 90 | | | 91 – 97 | 97 – 101 |
| Formabschnitt | | V **Episode** | | | | | | VI **Episode** | |
| Thematik/ Motive | $a^1$ $e^1$ $a^2$ | Solothema | **Thema** variiert a $b_v$ c' d' (BK2 Zitat) | $a^3$ a' a | **T.78** e2 a Fugato | $b^3$ $a^1$ | $e^2$ a Klangfläche | Solothema | $a^4$ |
| Tonart | e | e – h | h | h | GD | G | d | d – a | a |
| Besetzung | S | S | Tutti | ST | S | T | T | S | S T |
| | | | Kadenz | | | | | | Kadenz |

| Takt | 101 – 125 | | | 125 – 136 | |
|---|---|---|---|---|---|
| | 101–107 | 107–118 | 119–125 | | |
| Formabschnitt | | VII **Episode** | | VIII | |
| Thematik/ Motive | $b^2$ a $e^1$ a b | Solothema | $a^4$ $a^1$ $e^1$ d | **Thema** a b c | T. 132 $a^3$ d |
| Tonart | A – D | D – g | g – d | | G |
| Besetzung | S | S | S T | | T |
| | | | Kadenz | | Kadenz |

## Adagio-Übergang

Das dritte Bandenburgische Konzert hat keinen auskomponierten langsamen Satz. Auf den ersten Satz folgen zwei mit „2. Adagio" überschriebene Akkorde, an die sich sofort das abschließende Allegro anschließt. Bis über die Mitte unseres Jahrhunderts hinaus wurde häufig bei Aufführungen ein langsamer Satz aus einem anderen Werk Bachs eingeschoben. Die beiden Akkorde stehen in der Widmungspartitur jedoch mitten auf der Seite – ein Beweis dafür, daß nicht etwa ein Satz verloren gegangen ist. Die Akkorde bilden die sogenannte phrygische Kadenz mit dem charakteristischen Halbtonschritt der Bässe nach unten, ein für langsame Sätze im 17. und 18. Jahrhundert beliebter Halbschluß. Sie sind als Vorlage für improvisatorische Füllung zu verstehen, die in heutigen Aufführungen meist vom Cembalo besorgt wird.

In diesem Zusammenhang liegt der Gedanke nahe, daß Bach hier die Idee einer solistischen Kadenz, die er im fünften Konzert ausführlich realisiert hat, vorweggenommen und einem Spieler überlassen hat.

## Schluß-Satz: Allegro, 12/8, G-Dur

Gegenüber der höchst komplizierten, sich schwer erschließenden Formanlage des ersten Satzes, ist der Schluß-Satz in seinem wohlproportionierten Bau geradezu transparent gegliedert. Wieder sind alle Instrumente am Konzertieren beteiligt, die Violinen und Violen teilweise, die Violoncelli ständig unisono und colla parte mit dem Generalbaß. Eine Unterscheidung in Tutti- und Solo-Abschnitte und -motivik ist kaum möglich, lediglich eine von Passagen dichterer und gelockerterer Satzart. 12/8-Takt und lebhafte Bewegung verleihen dem Satz den Charakter einer Gigue. So besteht er auch nach Art eines Tanz-Satzes aus zwei zu wiederholenden Teilen. Der erste Teil umfaßt zwölf, der zweite sechsunddreißig Takte, so daß ein Verhältnis von 1:3 entsteht, wie es in mehreren Bachschen Tanzsätzen, auch in der Kammermusik, vorkommt. Jedoch ist die Anlage hier nicht auf die Formel A B zurückzuführen, vielmehr kehren die zwölf Anfangstakte im zweiten Teil refrainartig wieder, so daß mit den dazwischenliegenden Abschnitten eine Rondoform entsteht:

| | A | B | A | B' | A |
|---|---|---|---|---|---|
| Takt | 1–12 | 13–16 | 17–28 | 29–36 | 37–48 |

Allerdings wird der Anfangsteil auf verschiedene Tonstufen versetzt, so daß er gleichsam die Funktion eines Ritornells wahrnimmt, also in gewissem Sinn Ritornellform mit Tanzsatz verbindet. Dieses Ritornell legt nicht nur das Material, sondern auch die den Satz beherrschende Imitationstechnik fest. Es beginnt mit einem auf den ersten Satz zurückverweisenden Sekundwechselmotiv und dessen Umkehrung in Sechzehntelnoten, in Verbindung mit einer Dreiklangsbrechung, das in vier Einsätzen imitatorisch von den Violinen zu den Bässen geführt wird (T. 1 – 3; Tafelbeispiel IV). Nach eineinhalb Takten Sequenzierung (T. 3 – 4) vollzieht sich der Vorgang noch einmal mit vertauschten Stimmen in der Dominante (T. 4 – 7). Eine dreitaktige, effektvoll mit Imitationen auf repetierten Achtelbässen aufgebaute Akkordpassage schließt sich an (T. 8 – 10). Sie erinnert an jene des ersten Satzes (T. 87 – 90, siehe S. 59). Eine an das Hauptmotiv anknüpfende Sequenzkette mit Kadenz von Violine I bildet das Ende des ersten Teils:

Beispiel 15

Der zweite Teil beginnt mit dem sequenzierend fortgesponnenen Kopfmotiv in den Bässen, das von den Violinen imitiert wird (T. 13 – 14). Die folgende Solostimme der ersten Violine mit Akkordbegleitung der übrigen Instrumente (T. 15 – 16) ist von besonderer Bedeutung:

Beispiel 16

Sie ist von der Sequenzkette Takt 11–12 abgeleitet, zumindest mit ihr verwandt, und wird ebenso begleitet. Überdies ist sie zusammen mit jener (und deren transponierter Wiederkehr im zweiten Teil) die einzige Solomelodie des Satzes. Sie erscheint hier vor dem zweiten Ritornell und Takt 35–37 in Viola I vor dem dritten, so daß sie die Wirkung einer kurzen Episode erreicht.

Zwischen den beiden Ritornellen und vor der Quasi-Episode verarbeitet Bach das Hauptmotiv in einer linearen Variante (T. 29–30) und Akkordbrechung (T. 31) mit anschließender Variante der Akkordpassage des Ritornells (T. 32–34).

Formübersicht zum Schlußsatz

| Takt 1–12: | 13–16 | 17–28 | 29–36 | 37–47: |
|---|---|---|---|---|
| A<br>Ritornell<br>G – D | B<br>15–16 „Episode“<br>D | A<br>Ritornell<br>e – h | B’<br>35–36 „Episode“<br>H–E dG C | A<br>Ritornell<br>C – G |

## BRANDENBURGISCHES KONZERT NR. 4, BWV 1049

| | | |
|---|---|---|
| Besetzung: | Violino principale | Violino I, II in ripieno |
| | Flauto d'Echo I | Viola in ripieno |
| | Flauto d'Echo II | Violoncello |
| | | Violone in ripieno |
| | | Continuo |

### 1. Satz: Allegro, 3/8, G-Dur

Obwohl er mit 427 Takten der umfangreichste Satz aller Brandenburgischen Konzerte ist, erschließt er sich dem Hörer relativ leicht. Als Träger des thematisch-motivischen Geschehens kommt dem Concertino, und hier besonders den Blockflöten, besondere Bedeutung zu neben dem hauptsächlich Begleitfunktion ausübenden Tutti. Die Flöten sind im Autograph als „due Fiauti d'Echo" bezeichnet, womit auf ihre dynamische Kontrastwirkung hingewiesen wird. (In der später erfolgten Umarbeitung des vierten Brandenburgischen Konzerts zu einem Cembalokonzert behielt Bach die Flötenstimmen wenig verändert bei und bezeichnete sie als „Flauti a bec"). Bach hat sie, wie auch im zweiten Konzert, im „französischen" Violinschlüssel (Violinschlüssel auf der ersten Linie) notiert, um Hilfslinien zu sparen. Violone und Continuo haben je ein eigenes System, – das Cembalo sollte vom Baß unabhängig sein. Wie schon im zweiten (und auch im folgenden fünften) Konzert weist der Komponist durch die Besetzungsangabe „ripieno" bei den Tutti-Streichern auf den Concerto grosso-Typ hin. Aber ebenfalls wie beim zweiten Konzert stellte er die Grundkonzeption des Genres, nämlich den Gegensatz von Tutti und Solo in Frage. Während er dort jedoch Ripieno und Concertino derart an der thematischen Verarbeitung beteiligte, daß ihre Unterscheidung bisweilen nicht mehr möglich ist, hielt er hier das Tutti im Hintergrund und ersetzte es durch die Soloinstrumente. Gleichwohl enthält der Satz genau definierte Solo-Abschnitte, die durch Tutti-Abschnitte unterbrochen werden. In diesen führen allerdings die Soloinstrumente, während die Ripienisten Stimmen verdoppeln oder harmonisch füllen.

Ein 83-taktiger Rahmenteil, der am Ende als Da-capo wiederkehrt, enthält anstelle eines einfachen Ritornells die thematische Substanz des Satzes. Dieser Rahmenteil unterscheidet sich in charakteristischer Weise von den anderen, als solche von Bach gekennzeichneten Da-capo-Abschnitten der Brandenburgischen Konzerte. Sie bringen im dritten Satz des ersten und ersten Satz des fünften Konzerts mit sechzehn bzw. acht Takten die Wiederholung des Anfangsritornells, und bestehen im dritten Satz des sechsten Konzerts aus einem 45taktigen Komplex von Ritornellen und Episoden, der als Rahmen einer dreiteiligen Formanlage dient. Der erheblich umfangreichere Da-capo-Teil des vorliegenden Satzes präsentiert dagegen das Material in dreifacher Aufgliederung. Das Thema, bestehend aus Vordersatz und Fortspinnung, wird dreimal auf den Ebenen von Tonika, Dominante und wieder Tonika exponiert und zuletzt mit einer markanten Kadenz versehen. Jede dieser Wiederaufnahmen beruht ihrerseits auf einer Dreiergliederung: Dem unveränderten Vordersatz (Tafelbeispiel I) mit Dreiklangsbrechung und Stufengang, gebildet aus der Wiederholung seines sechstaktigen Motivs a (als Motiv a'), folgt eine von Dreiklangsbrechungen ausgehende (Motiv b, T. 13 ff.; Tafelbeispiel II), dann durch Sekundfortschreitungen ergänzte Fortspinnung (Motiv b', T. 35 ff.; Tafelbeispiele III und IV, und Motiv b'', T. 69 ff.; Tafelbeispiel V).

| **Takt 1–22** | | |
|---|---|---|
| Vordersatz | | Fortspinnung |
| T. 1–6 | 7–12 | 13–22 |
| Motiv a | a' | b |
| G/D | G/D | G – D |
| $a^1$ | | |

| **Takt 23–56** | | |
|---|---|---|
| Vordersatz | | Fortspinnung |
| T. 23–28 | 29–34 | 35–56 |
| Motiv a | a' | b' |
| D/A | D/A | D – G |
| $a^2$ | | |

| **Takt 57–83** | | |
|---|---|---|
| Vordersatz | | Fortspinnung + Kadenz |
| T. 57–62 | 63–68 | 69–83 |
| Motiv a | a' | b'' |
| G/D | G/D | G |
| $a^3$ | | |

Der Vordersatz wird vom Concertino mit sparsamer Akkordbegleitung des Tutti vorgetragen. Mit Ausnahme der Takte 31–35, in denen die Ripieno-Violinen den Stufengang übernehmen, ist er auch im weiteren Satzverlauf an Flöten und Solovioline gebunden. Die Fortspinnung bezieht das Tutti in stärkerem Maße ein, jedoch mit der Aufgabe der Verdopplung und harmonischen Füllung. Die dritte Wiederaufnahme (T. 57–83) erfüllt in ihrer Anlage von Vordersatz (T. 57–68), Fortspinnung (T. 69–78) und Kadenz (T. 79–83) alle Voraussetzungen eines Ritornells. Tatsächlich kehrt der Abschnitt in dieser Funktion dreimal im Mittelteil wieder: Takt 137 in der Tonikaparallele e-Moll, Takt 209 in der Subdominante C-Dur und Takt 323 in der Dominante der Tonikaparallele h-Moll mit Rückmodulation zur Tonika.
R. Gerber [S. 28] analysierte des Rahmenteil als eine „variierte Strophenfolge (a a' a")", deren einzelne Strophen „in drei Glieder $\alpha$ $\alpha$ $\beta$ zerfallen, die sich zu einem Bar (= zwei gleiche Stollen mit Abgesang) zusammenschließen." Er wies in diesem Zusammenhang auf die „außerordentliche" Bedeutung der Zahl 3 in diesem Satz hin, der zudem als einziger Einleitungssatz der Brandenburgischen Konzerte im 3/8-Takt steht. Diese Feststellung ist durch die Beobachtung zu ergänzen, daß sich die Dreiergliederung des Da-capo-Teils auch auf die Anlage des Mittelteils auswirkt (siehe Formübersicht S. 71). Dieser besteht aus vier Abschnitten, die jeweils mit einer Solo-Episode beginnen. Hier werden die Motive des Rahmenteils in vielfältiger Weise aufgegriffen. Entsprechend dem Ritornell-Modell mit solistischem Vordersatz und tuttiartiger Fortspinnung folgt jeder Solo-Episode ein Tutti mit ausschließlich thematischen Gebilden des Außenteils. Dessen Dreigliedrigkeit spiegelt sich in der Abfolge von Solo – Fortspinnungsmotiv b' – Ritornell in den Abschnitten $B_1$ und $B_4$, sowie jener von Solo der Flöten – Solo der Violine – Ritornell im Abschnitt $B_2$.

In den von der Violine beherrschten Episoden 1 (T. 83–124) und 3 (T. 235–262) erscheint das Kopfmotiv als Einwurf, in Episode 2 kontrapunktiert der Vordersatz zunächst vollständig, dann zerlegt, die virtuosen Läufe (T. 185–208). Die Episoden 1, 3 und 4 (T. 285–311) werden mit den Fortspinnungsmotiven b'

(T. 125–136, 236–285, 311–322) abgeschlossen. Motivische Beziehungen bestehen zwischen Motiv a und den Violin-Soli 1 und 3 (T. 83–124, 235–262; Tafelbeispiele VI und VII), sowie zwischen der stufenweisen Bewegung der Fortspinnungsmotive b' und den Flöten-Soli 2 und 4 (T. 157–184, 285–311; Tafelbeispiel VIII).

Obwohl sie immer die führende Rolle spielen, treten die Solo-Instrumente dennoch selten als geschlossenes Concertino auf. Flöten und Violine werden selbständig behandelt und erfüllen verschiedene Funktionen. Wie schon im Außenteil festgelegt, ist die thematisch-motivische Substanz überwiegend den Flöten anvertraut. Diese Aufgabe behalten sie auch im Mittelteil. Der Violinpart dagegen entwickelt sich zu virtuoser Gestaltung. Es wäre jedoch verfehlt, darin eine Tendenz zum Violinkonzert sehen zu wollen, bzw. den Satz als Mischform zwischen Solokonzert und Concerto grosso zu bezeichnen. Auch in einigen Concerti grossi Vivaldis tritt gelegentlich ein Concertino-Instrument virtuos hervor. Und tatsächlich ist in diesem Satz nur die erste, durch Einwürfe des Kopfmotivs durchbrochene, Episode (T. 83–124) als echtes Violin-Solo konzipiert. Die Dominanz der Violine wird in der zweiten Episode (ab T. 157) durch jene der Flöten, die überdies in den Takten 165–184 solistisch mit dem Continuo musizieren, kompensiert. In der Fortsetzung dieser Episode (T. 185–208) setzen die Flöten den virtuosen Läufen der Violine das Motiv des Vordersatzes entgegen, das in Verarbeitung auch auf die Ripieno-Violinen übergeht. Im anschließenden Ritornell wird die Violine mit Doppelgriffen am Thema beteiligt (ab T. 216). Sie konzertiert zusammen mit Violine I und II in den imitatorischen Takten (235–240/251–256) der dritten Episode (T. 235–262). Schließlich vereinigen sich Violine und Flöten in der letzten Episode (T. 285–311) zum Concertino, jedoch unter Führung der Flöten, die die Motive der zweiten Episode aufgreifen bzw. variieren.

# Formübersicht zum 1. Satz

| | | | | | | | | | |
|---|---|---|---|---|---|---|---|---|---|
| | 1 – 83 | | | 83 – 157 | | | | 157 – 235 | |
| Takt | 1–22 | 23–56 | 57–83 | 83–124 | | 125–136 | 137–157 | 157–184 | 185–208 |
| Besetzung | **Concertino mit Tuttibegleitung** | | | **Solo 1** **Violine** | + Flöten | **Tutti** | **Tutti** | **Solo2** **Flöten** | **Violine** |
| Thema/Motivik | a a' b ($a^1$) | a a' b' ($a^2$) | a a' b'' ($a^3$) | aus Motiv a abgeleitete Figuren | Kopfmotiv a | b' (T.35–43) ($a^2$) | a b'' (T.63–83) ($a^3$) | aus Motiv b abgeleitet, Imitationen | virtuose Läufe + Motiv a Flöten |
| Tonart | G D | D G | G | G D | | A H | e | e | a C |
| Formabschnitt | | | → **Ritornell** | | | | **Ritornell** | | |
| | A | | | $B_1$ | | | | $B_2$ | |

| | | | | | | | | |
|---|---|---|---|---|---|---|---|---|
| | | 235 – 285 | | | 285 – 344 | | | 345 – 427 |
| Takt | 209–235 | 235–262 | | 263–285 | 285–311 | 311–322 | 323–344 | |
| Besetzung | **Tutti** | **Solo 3** **Violine** | + Flöten | **Tutti** | **Solo 4** **Flöten** + Vl. | **Tutti** | **Tutti** | |
| Thema/Motiv | a a' b'' (T.57–83) ($a^3$) | aus Motiv a abgeleitet. Imitationen mit Vl. I II | Kopfmotiv a | b' (T.44–56) ($a^2$) | aus Motiv b abgeleitet Imitationen | b' (T.125–136) ($a^2$) | a b'' (T.63–83) ($a^3$) | = da capo T. 1 – 83 |
| Tonart | C | C | | D | G E | E Fis | h G | G G |
| Formabschnitt | **Ritornell** | | | | | | **Ritornell** | |
| | | $B_3$ | | | $B_4$ | | | A |

## 2. Satz: Andante, 3/4, e-Moll

Dies ist der einzige langsame Satz der Brandenburgischen Konzerte, der nicht kammermusikalisch instrumentiert und gearbeitet ist. Er verkörpert vielmehr das Wesen des Concerto grosso. Die Klanggruppen alternieren ständig, zudem entstehen aus der Wiederholung von zwei-, häufiger eintaktigen Tutti-Motiven durch das Concertino Echoeffekte. Besondere Bedeutung haben die beiden Flöten.

Sie sind im Gegensatz zur Solovioline, die begleitet oder doubliert, Träger der Melodik und von Solokadenzen.

Der Satz beginnt mit einem wiegenden Motiv in Achtelnoten, das Ausgangspunkt der gesamten melodischen Entwicklung ist. (Tafelbeispiel IX) Das Motiv wird im weiteren Verlauf wiederholt, sequenziert und fortgesponnen. Dennoch ist die homogene melodische Substanz in ein Formprinzip eingeordnet. Die Takte 1–13, in denen das Motiv mehrmals mit Echowirkungen auf verschiedenen Tonstufen wiederholt wird, haben Einleitungsfunktion (a). Die darauffolgenden, von der Tonika zur Subdominante modulierenden Takte 13–28 (b) kehren transponiert in den Takten 39–55 wieder (b'). Der Abschnitt besteht aus einer chromatischen Fortspinnung (Beispiel 17) und Wiederaufnahme des Ausgangsmotivs mit Echoeffekten:

Beispiel 17

Der dazwischen liegende Abschnitt Takt 28–39 (a') steht in seiner Motivik und der Art des Tutti – Solo – Wechsels den Einleitungstakten nahe. Ab Takt 55 werden alle Elemente der vorausgegangenen Abschnitte noch einmal alternierend zwischen Tutti und Concertino aufgegriffen: das Ausgangsmotiv in den Bässen, die chromatische Fortspinnung im Concertino, die Flötenkadenz. Das Tutti schließt in der Dominante H-Dur. Der Satz besteht also aus zwei

Hauptteilen A und A' mit sich entsprechender Binnengliederung (a ¦ b – a ¦ b') und einer rekapitulierenden Coda.

## Formübersicht zum 2. Satz

| A | | | A' | | |
|---|---|---|---|---|---|
| a | b | | a' | b' | |
| T. 1 – 13 | 13 – 18 | – 28 | 28 – 39 | 39, 40 – 45 | – 55 |
| | Chromatik | | 29, 31 „Solokadenz" | Chromatik | |
| Tutti – Solo-Wechsel (Echo) | Tutti | 2 Echotakte | Solo – Tutti | Tutti | 2 Echotakte |
| e | e | a | h | h | e |

| Coda | | | | |
|---|---|---|---|---|
| (a) | (b) | | | |
| T. 55 | – | | | 71 |
| | 61 – 66 Chromatik | Kadenz | 68/69 Solokadenz | |
| Tutti Thema Bässe | Solo | Tutti | | Tutti |
| e | H e | | | H |

### 3. Satz: Presto, ₵, G-Dur

Stand in der konzertanten Fuge des zweiten Konzerts das Concertino im Mittelpunkt, und war das ganze Werk auf zunehmende Bedeutung des Concertino gegenüber dem Tutti angelegt, so ging Bach im vierten Konzert den entgegengesetzten Weg. Von der reinen Begleitfunktion im ersten Satz ließ er das Tutti über das konzertierende Miteinander von Tutti und Solo im zweiten Satz zum Träger der Durchführungen des thematischen Materials im real fünfstimmigen Tonsatz des Schlußsatzes aufsteigen. Allerdings beherrschen das Fugenthema und die kontrapunktische Arbeit alle Satzteile, auch die Solo-Episoden. So läßt sich neben der zunehmenden Bedeutung des Tutti auch die Weiterführung der Aufgabe der Flöten als Träger der Thematik und Motivik gegenüber der vorwiegend auf Virtuosität ausgerichteten Violine verfolgen:

1. Satz – Thema und Fortspinnung, Motivteile, vor allem in den Flöten; Spielfiguren, virtuose Partien in der Violine.
2. Satz – Echo-Wiederholungen, Fortspinnung in den Flöten; die Violine wird durch Tutti-Violine I verstärkt.
3. Satz – die Flöten zitieren das Thema am Ende der Durchführungen; in den Episoden: Thema in Engführung, Solo-Variante des Themas in den Flöten; virtuose Passagen in der Violine.

Ausdrucksmäßig und kompositionstechnisch steht der dritte Satz in deutlichem Kontrast zum lebendig und unbekümmert spielfreudigen ersten und ruhig fließenden zweiten Satz. Der dritte Satz ist prägnant, gedrängt, das Konzertante wird durch das Thematische gebändigt.

Das alle Satzabschnitte beherrschende Fugenthema (Tafelbeispiel X) besteht aus einem zweitaktigen Kopfmotiv und einer zweitaktigen Fortführung. Das Kopfmotiv ist durch große Notenwerte mit aufsteigendem Quartsprung und Synkope charakterisiert, die in Sekund-Umspielungen des Grundtons durch Achtel- und Viertelnoten übergehen. Die Fortführung steigt in gleichmäßigen Viertelnoten zur Terz ab. In der die Takte 1–41 umfassenden

Tutti-Exposition wird das Thema als Dux und Comes in fünf Einsätzen bis zur angestrebten Fünfstimmigkeit durchgeführt: Viola (Dux) – Violine II (Comes) – Violine I + Violino principale (Dux) – Bässe (Comes) – Flöten (Comes). Nach einem neuntaktigen Zwischenspiel folgt ein abschließender Dux-Einsatz in den Flöten (T. 36) mit Tonika-Kadenz. Das zweite Motiv des Fugenthemas tritt nach einer Solo-Episode (T. 41–63) verselbständigt zunächst imitierend mit drei Einsätzen in den Takten 63–69 auf (Tafelbeispiel XI), dann nach einem vollständigen Zitat des Fugenthemas, als Sequenzkette in den Bässen.

Der Kontrapunkt zum ersten Comes-Einsatz (T. 5) wird beim nächsten (T. 15) bis zum Ende des Thema-Kopfmotivs, beim folgenden (T. 23) vollständig beibehalten. Ebenso wie der den ersten Dux-Einsatz begleitende Kontrapunkt wird er jedoch im Satz nicht weiterverwendet. Beider Achtel- bzw. Achtel- und Viertelnotenwechsel sowie die Synkope des Comes-Kontrapunkts kehren immerhin, allerdings in mannigfaltigen Abwandlungen, in allen Tutti-Abschnitten wieder. Erst den beim fünften Einsatz zum zweiten Motiv des Themas erscheinenden Kontrapunkt

Beispiel 18

behält Bach in den folgenden Tutti-Durchführungen in dieser Art bei:

Beispiel 19

Ebenso bleibt das dem fünften Einsatz folgende synkopisch in halben Noten absteigende Oberstimmenmotiv (Beispiel 20) in drei Tutti-Stellen modifiziert als Oberstimme beibehalten (T. 63–78; 139–147; 203–218):

Beispiel 20

Die beiden aufeinander bezogenen Tutti-Abschnitte Takt 1–41 (G-Dur) und Takt 63–87 (A-Dur – e-moll) mit Durchführung des Themas bzw. Imitation und Sequenzierung seines zweiten Motivs sind zugleich Ritornelle (I und II). Sie erscheinen abgewandelt im Satzverlauf als Tonartenstation nach einer Solo-Episode wieder.

Ritornell I: Takt 127–139 – Durchführung in der Tonikaparallele mit drei Einsätzen (e – h – e), fortgeführt mit der Sequenzpartie von Ritornell II (T. 139–151)

Takt 175–183 – Durchführung in der Subdominante mit drei Einsätzen (C; der dritte Einsatz ist eine unvollständige Engführung).

Takt 189–197 – Durchführung in der Tonika (G) wie Takt 175–183

Ritornell II: Takt 203–219 – wie Takt 63–79, in die Tonika transponiert.

Der Tonartenplan der Ritornelle (Tonika – Dominante – Tonikaparallele – Subdominante – Tonika) demonstriert harmonisch die vollkommene Einbindung der Fugendurchführung ins Konzertprinzip.

Die Ritornelltonart wird durch die modulierenden Episoden vermittelt. Bach verbindet in den Episoden dieses Satzes das Figurative mit dem Thematischen. Wie im ersten Satz gibt er der Solovioline Gelegenheit zu virtuoser Entfaltung mit Dreiklangsbrechungen, Spielfiguren, Läufen und bogentechnischen Effekten. Die Flöten dagegen haben spieltechnische und kontrapunktische Aufgaben. In der ersten Episode (T.41–63), deren letzte sechs Takte später wieder aufgenommen werden (T.183–189; 197–203), führen sie das Thema zweimal in einer unvollständigen Engführung durch (T.43–47 Tonika; T.53–57 Dominante). Die umfangreiche zweite Episode (T.87–127) steht ganz im Zeichen der spielerischen Selbstdarstellung der Solo-Violine. Aber selbst in diesem Abschnitt erinnert der Komponist an das Fugenthema, das er in einer sequenzierenden Abwandlung (Tafelbeispiel XII) von den beiden Tutti-Violinen kanonisch durchführen läßt (T.105–113). Aus dieser Abwandlung geht eine Variante (Tafelbeispiel XIII) hervor, die in den Takten 152–159 als Überleitung zwischen Ritornell und folgender Episode fungiert. Diese Flöten-Episode (T.159–175) ist eine auf sechzehn Takte gedrängte Durchführung mit zweimaliger Engführung des im Kopfmotiv durch Sekundschritte aufgefüllten Fugenthemas (Tafelbeispiel XIV) und anschließendem fünften Einsatz im Baß.

Bach beschließt den Satz nicht alleine, wie es zunächst ab Takt 203 scheinen mag, mit der Transposition von Ritornell II in die Tonika. Er leitet vielmehr mit der aus den Takten 152–159 bekannten Motivik über einem sechstaktigen Orgelpunkt auf g (T.219–225) zu einer Coda über (T.225–244). Hier erscheint das Fugenthema zuerst in Engführung zwischen Violine und Flöten (T.225–229), dann, nach einem achttaktigen akkordischen Einschub, noch einmal zwischen Baß und Flöten (T.237–241).

Rückblickend wird der Zusammenhang von Anfang (T.1–87: Ritornell I – Episode 1 – Ritornell II) und Schluß des Satzes (T.189–219: Ritornell I – Episode 5 (= 1 verkürzt) – Ritornell II + T.219–244: Überleitung und Coda) deutlich. Der letzte Abschnitt resümiert im Sinne einer inhaltlichen, nicht formalen (da capo), Reprise Thematik und Motivik des ersten Abschnitts.

## Formübersicht zum 3. Satz

**Takt 1 – 87**

**RITORNELL I T. 1–41**

Tutti-Exposition

Thema T. 1 Vla, G
T. 5 Vl.II, D
T. 11 Vl.I+p, G
T. 15 Bässe, D
T. 23 Fl., D
Zwischenspiel T. 27–35
D – G
Thema T. 36 Fl., G

**EPISODE 1 T. 41–63**

Violine – Flöten

Thema Engführung
T. 43–47, G
T. 53–57, D
Modulation → A

**RITORNELL II T. 63–87**

Tutti
Imitation des 2. Thema-Motivs
T. 63–69 A – D
Thema T. 67–71, Bässe, D
Sequenzen → e

**Takt 87 – 127**

**EPISODE 2**

Violine

T. 105–113
Variante des Themas
e

**Takt 127 – 175**

**RITORNELL I T. 127–139**

Durchführung Tutti

Thema T. 127 Vl.I+p., e
T. 131 Fl. h
T. 135 Bässe, e
+ sequenzierende Takte aus
**Ritornell II T. 139–152**
Tutti → h
**Überleitung T. 152 – 159**
Variante T. 105 f.
h – D

**EPISODE 3 T. 159–175**

Flöten

Durchführung
Engführung T. 159–163, G
T. 163–167, C
Thema T. 167 Bässe, C
G – C

| Takt 175 – 189 | Takt 189 – 244 |
| --- | --- |
| RITORNELL I T. 175 – 183<br>Durchführung Tutti<br>Thema T. 175 Vl.I+p, C<br>T. 179 Fl.I, C<br>T. 181 Fl.II (Engführung unvollständig), C | RITORNELL I T. 189 – 197<br>Durchführung Tutti<br>Thema T. 189 Vl.I+p, G<br>T. 193 Fl.II, G<br>T. 195 Fl.I, G (unvollständige Engführung) |
| EPISODE 4 T. 183–189<br>Violine – Flöten<br>C – G<br>= T. 47–53 Episode 1 | EPISODE 5 T.197–203<br>Violine – Flöten<br>G – D<br>= T. 47–53 Episode 1 |
| | RITORNELL II T. 203–219<br>Tutti<br>= Ritornell II T. 63–87<br>D – G |
| | Überleitung T. 219–225 |
| | Coda T. 225–244<br>Thema T. 225 Vl.I+p, G<br>T. 225 Fl. I, II, C (Engführung)<br>T. 237 Bässe, G<br>T. 239 Flöten, G |

## BRANDENBURGISCHES KONZERT NR. 5, BWV 1050

| Besetzung: | Flauto traverso | Violino in ripieno |
|---|---|---|
| | Violino principale | Viola in ripieno |
| | Cembalo concertato | Violoncello |
| | | Violone |

Das fünfte Brandenburgische Konzert ist das früheste originale Konzert mit solistischem Cembalo. Daher wird es häufig als erstes Klavierkonzert der Musikgeschichte bezeichnet. Dieser Begriff ist jedoch ebenso übertrieben, wie es die Bezeichnung Violinkonzert für das vierte Brandenburgische Konzert wegen seiner virtuosen Violinpassagen wäre. In beiden Fällen ist das mit besonderer Virtuosität behandelte Instrument Teil des Concertino, in dessen Rahmen es mit hervorragenden solistischen Aufgaben betraut wurde. Mit Ausnahme der Kadenz im fünften Konzert spielt das Cembalo überdies immer mit den anderen Soloinstrumenten zusammen. Seine in der Kadenz gipfelnde, und in einigen Abschnitten dominierende Rolle ist außerdem auf den ersten Satz beschränkt. Sie betrifft im wesentlichen die Spieltechnik. Allerdings ist der Cembalopart generell schwieriger als der weniger anspruchsvolle, zum Teil nicht auf die Möglichkeiten des Instrumentes eingehende Flöten- bzw. Violinpart.

### 1. Satz: Allegro, ¢, D-Dur

Der Satz zeigt ein weiteres Ergebnis von Bachs Auseinandersetzung mit der Ritornellform. Ausgangspunkt aller thematischen und motivischen Erscheinungen ist das Anfangsritornell, das als Schlußritornell wiederkehrt. Stärker als in den anderen Brandenburgischen Konzerten verarbeitet Bach diese Substanz. In den Binnenritornellen bleibt sie verkürzt beibehalten, in den Concertino-Abschnitten erscheint sie in mehrfacher Abwandlung. Die im Ritornell aufgestellten Motive bleiben im Satzverlauf an das Tutti, die abgeleiteten Solo-Motive an das Concertino gebunden. Die besondere Art der Ableitung stellt den instrumentalen Motiven des Cembalos kantable in Flöte/Violine als Kontrastmotive gegenüber. Der Satz entwickelt sich aus dem Wechsel von Tutti- und beträchtlich umfangreicheren Concertino-Abschnitten:

| | | | | | | | | | | | |
|---|---|---|---|---|---|---|---|---|---|---|---|
| | $R_1$ | $C_1$ | $R_2$ | $C_2$ | $R_3$ | $C_3$ | $R_4$ | $C_4$ | $R_5$ | $C_5$ | Mittelteil |
| Takt | 1 | 9 | 19 | 20 | 28 | 31 | 39 | 42 | 58 | 60 | 70 |
| Tonart | T | | D | | D | | Tp | | T | | |

| | | | | | | | | |
|---|---|---|---|---|---|---|---|---|
| | $R_6$ | $C_6$ | $R_7$ | $C_7$ | $R_8$ | $C_8$ | Cembalo-Kadenz | $R_9$ |
| Takt | 101 | 110 | 121 | 126 | 136 | 139 | 154 | 219 |
| Tonart | D | | T | | T | | | T |

Entsprechungen bestehen zwischen:

$R_1$ —— $R_7$ —— $R_9$
$C_1$ —— $C_4$ —— $C_6$
$R_2$ —— $R_6$
$C_2$ —— $C_4$ (2. Hälfte) —— $C_7$
$R_3$ —— $R_5$ —— $R_8$
$C_3$ —— $C_5$

Die Aufeinanderfolge von Tutti und Soli ist so angelegt, daß das Tutti-Thema in einzelne Motive zerlegt, im Zusammenhang mit der Substanz der abgeleiteten Concertino-Motive jedoch wieder zusammengesetzt wird.

Das achttaktige Ritornell-Thema (Tafelbeispiel I) ist dreigliedrig: Vordersatz Takt 1–2 (Motiv a) – Fortspinnung Takt 2–7 (Motiv b) – Epilog Takt 7–9 (Motiv c). Jedes der drei Motive wird in den Concertino-Abschnitten verarbeitet. (vgl. Übersicht der Ableitungen Tafelbeispiel I) Die Ableitung des Flöte/Violine-Motivs $b^1$ (T. 20ff.) im zweiten Concertino aus Motiv b ist offensichtlich. Als modulierende Sequenz erreicht sie Takt 26–27 die Tonhöhe des Vorbilds. Legato-Bogen und der Verzicht auf Tonrepetitionen machen das Motiv zum kantablen Gegenbild seines Ursprungsmotivs

($C_2$, $C_4$, $C_5$, $C_7$). Unmittelbar zu erfassen ist ebenfalls die Ableitung des Cembalo-Sequenzmotivs $c^1$ (T. 31ff.) des dritten Concertino aus Motiv c. Dieses ‘instrumentale’ Motiv kontrapunktiert das gesangliche im fünften und siebten Concertino (T. 60–65; 126–130) und erscheint in der Fortsetzung des sechsten Ritornells (T. 106–110, Fl.). Nicht ganz so leicht erkennbar ist die Herkunft der Motive des ersten Concertino aus Motiv a. Eine Reihe von Beobachtungen vermag jedoch hinreichend zu klären, daß der absteigende Quartgang (d”–a’) von Takt 1 Vorbild der Ableitungen ist. Zunächst fällt auf, daß die im französischen “style brisé” (Umspielung der Kerntöne mit latentem Orgelpunkt a”) verfaßte Cembalostimme das Motiv aufnimmt (T. 9) und synchron in Terzparallelen mit Flöte und Violine absteigt. Das Cembalo setzt seinen Part mit einem aufwärtsgerichteten Triolenmotiv fort (T. 10), dessen Kerntöne (cis”d”e”fis”) als Krebs der Violinstimme (T. 9/10) bzw. als Umkehrung des Flötenmotivs zu verstehen sind. Dieser Krebs erklingt in Takt 11 in der Solovioline und in der Viola[6] zusammen mit dem des Flötenmotivs in den Bässen. Gleichzeitig zitiert die Ripieno-Violine an dieser Stelle (als Hinweis?) Motiv a. Es erscheint daher als recht plausibel, die aufeinanderbezogenen Motive als Augmentation der absteigenden Tonfolge in Takt 1 zu interpretieren. Diese Auffassung wird durch die besondere Art der Tutti – Solo – Wechsel bis Takt 42 bestätigt. Bach zerlegt das Ritornell-Thema in seine Motive und setzt sie wieder zusammen: Concertino 1 – Motive $a^1$ $a^2$ $a^3$, a / Ritornell 2 – Motiv a (betrifft Takt 1/2) / Concertino 2 – abgeleitetes Motiv $b^1$ (betrifft Takt 3) / Ritornell 3 – Motiv b (betrifft Takt 3/4) / Concertino 3 – abgeleitetes Motiv $c^1$ (betrifft Takt 7) / Ritornell 4 – Fortsetzung von Motiv b (Takt 5/6).

Diese Gesetzmäßigkeit, die sich in den folgenden Abschnitten gelockerter fortsetzt, macht den Bezug der Motive aus Takt 9 als $a^1$, $a^2$ und $a^3$ zu einem Element des Motivs a zwingend.

Unter diesem Gesichtspunkt ist der Gedanke, das Flöte/Violine-Motiv im episodenhaften Mittelteil Takt 70ff. sei auf b – nämlich als Variante der Ableitung $b^1$ (T. 20) – bezogen, nicht abwegig. Ebenso ist es denkbar, das kurze Flöten-Motiv in den Cembalobetonten Concertino-Abschnitten vier (T.47/48) und acht (T.143/144) als rhythmische Variante des Anfangs von Takt 5 zu betrachten.

Anders als im ersten Satz des zweiten Brandenburgischen Konzerts, in dem Bach das eigenständige Solothema zugunsten des Tutti-Themas aufgibt, behält er hier die Trennung von Ritornell- = Tutti-Thematik und Concertino-Thematik bei. Einwürfe von Ritornellmotiven in Concertino-Abschnitten bleiben stets in den Ripieno-Instrumenten, die ins Kantable gewendeten Ableitungen bleiben an Flöte bzw. Violine gebunden. Der Zusammenhang von Tutti- und Concertino-Thematik wird durch die oben gezeigte Auflösung und wieder Zusammensetzung der Ritornellsubstanz hergestellt. Innerhalb der Gemeinschaft der Soloinstrumente erscheinen die Kontrastmotive der Concertino-Abschnitte zwar verselbständigt, weisen jedoch durch das Verarbeitungsverfahren auf ihre gemeinsame Herkunft hin. Unter diesem Gesichtspunkt erscheint die Auffassung R. Gerbers, es handele sich um ein „dualistisches Prinzip" als problematisch: „Die Gegensätzlichkeit von Tutti- und Solothema beruht ja schon darauf, daß die zupackende Energie des Tutti-Themas in der intimen Gesanglichkeit des Solothemas ein Gegengewicht findet, wodurch ein Dualismus geschaffen wird, der dem klassischen Sonatensatz im Prinzip verwandt ist." [S. 34; Gerber versteht unter Tutti-Thema das Ritornell-Thema (=a), unter Solothema die Takte 9–19 (=b) im Sinne eines zweiten Themas.] Wohl treten, wie Gerber schreibt, die Gegensätze „mit gleichem Gewicht in Erscheinung und bestimmen das Formganze" [S. 31], jedoch nicht im Sinne der „klassischen" Dialektik, sondern, wie geschildert, als kontrastive Gestaltverwandlung. Die Art der Verkettung der Tutti- und Concertino-Abschnitte spricht ebenfalls gegen ein dualistisches Prinzip: Die Motorik der Sechzehntel des Tutti-Themas wird durch das konzertierende Cembalo unmittelbar fortgesetzt. Dies gilt für die Takte 9ff. ebenso wie für alle Concertino-Abschnitte. Das entsprechende Verfahren hat der Komponist übrigens im dritten Satz zur Verbindung des ersten Teils mit dem Mittelteil (T.78ff.) ebenfalls angewandt. Dort wird das in eine achttaktige Kantilene umgewandelte kurze Fugenthema durch die gleichmäßige Achtelbewegung eingeleitet und begleitet, die vom Fugenthema abstammt.

Bis einschließlich Takt 42 sind innerhalb der oben geschilderten Praxis der Auflösung und Rekonstruktion des Ritornells alle wesentlichen motivischen Verwandlungen vorgestellt worden. Außerdem ist nun nach Tonika und Dominante die Paralleltonart erreicht. In lockerer Form setzt Bach das Verfahren fort. Er verändert die Kombination der Tutti- und modulierenden Concertino-Motive (siehe Formübersicht S. 86/87), überrascht durch einen deutlich abgesetzen Mittelteil und verleiht dem Cembalo nach und nach eine Sonderstellung innerhalb der Rangordnung der Soloinstrumente.

Der Mittelteil (T. 70–101) nimmt eigenen Stellenwert im Satzganzen ein. Das Cembalo grundiert mit gleichmäßigen Akkordbrechungen den Dialog von Flöte und Violine. Die Soloinstrumente werden von den Streichinstrumenten akkordisch gestützt. Cembalo-Figuration und der Austausch der Motive in den Oberstimmen – zunächst des innerhalb des Taktes wiederholten Motivs $b^2$ (T. 71–81), dann der sequenzierend aufeinanderfolgenden Dreiklänge (T. 81–92) – vermitteln durch Ostinato und akkordische Setzweise nach der mehr polyphonen vorangehenden, den Eindruck von Ruhe. Dieser wird durch die dynamische Vorschrift pianissimo unterstrichen. Sie gilt real bis einschließlich Takt 95. Hier setzt nun mit einem in ganzen Noten aufsteigenden Triller von Flöte und Violine eine sechstaktige Steigerung ein, die durch die harmonische Spannung gestützt wird. Nach verschiedenen Zwischendominanten von der Dominantparallele fis-Moll ausgehend, führen Dreiklänge und zum Teil verminderte Septakkorde [E–A–$E^{9}_{7}$ verm.–$dis_7$–$gis_7$ verm.–a–$h_7$–E–A] zur Dominante A-Dur, mit der das sechste Ritornell forte einsetzt. Entgegen der Erwartung folgt diesem keine der bekannten Motivverarbeitungen, sondern eine imitatorische Passage von Flöte und Violine mit dem Cembalo in Continuo-Funktion. Mit dem sechsten Concertino kehrt der Satz in Tonart und Substanz gewissermaßen zu seinem Anfang zurück. Nach dem achten Ritornell jedoch beginnt der Prozeß der Emanzipation des Cembalos aus der Solistengruppe mit dem Ziel der Solo-Kadenz.

Flöte und Violine treten zugunsten des Cembalos immer mehr zurück. Das letzte Concertino (T. 139–154) führt schrittweise zur Solo-Kadenz. Zunächst wird die Motivik der Takte 47–49 des vierten Concertino, in dem das Cembalo zum ersten Mal mit virtuosen Läufen hervorgetreten ist, vorbereitet (T. 139–143) bzw. zitiert (T. 144–146). Ab Takt 147 wird die Kadenz unter immer stärkerer Zurücknahme der Oberstimmen harmonisch vorbereitet. Arpeggien des Cembalos mit Dominant- und Tonika-Dreiklang sowie verminderten Septakkorden über einem dreitaktigen Orgelpunkt auf a der Viola (ab T. 150) führen zur Dominante A-Dur. Die 18-taktige Kadenz der Frühfassung beginnt mit der Fortführung der Arpeggien. Sie ist auf Virtuosität demonstrierende Spielfiguren beschränkt. Bach hat die Takte 155 und 159–163 in die neue Kadenz aufgenommen (als T. 198 bzs. 203–207). Diese ist jedoch nicht nur wesentlich länger, sondern bedeutend durch die Verbindung des virtuosen Elements mit der Thematik des Satzes. So enthält sie inhaltlich zwei Abschnitte: einen motivisch-thematischen (T. 154–194) und einen virtuosen (T. 195–214) mit kadenzieller Überleitung zum Schlußritornell. Bach bildet in der Kadenz praktisch die Concertino-Episoden von Takt 9–139 im ersten, die virtuose Episode Takt 139–154 im zweiten Abschnitt nach. Er hat die Motive jedoch nicht einfach aneinandergereiht, sondern in einen Formplan eingearbeitet. Das Hauptmaterial des thematischen Abschnitts entstammt den Takten 9–13 des ersten Concertino, sowie dem Cembalo-Part des Mittelteils. Der virtuose Abschnitt greift die Läufe (T. 139–146) und Spielfiguren (T. 147–150) des letzten Concertino auf, die in weitere Läufe und Akkordbrechungen übergehen. Die Solo-Kadenz schließt mit der etwas veränderten Lauf- und Akkordpassage des thematischen Abschnitts.

# Formübersicht zum 1. Satz

| Takt | 1 – 9 | 9 – 19 | 19 – 42<br>19 | <br>20 | <br>28 | <br>31 | <br>39 | 42 – 50<br>42 | <br>47 | <br>49 |
|---|---|---|---|---|---|---|---|---|---|---|
| Besetzung | Tutti<br>(ohne Flöte) | Concertino | Tutti –<br>T | Solo –<br>S | Wechsel<br>T | <br>S | <br>T | Concertino<br>S | <br>Cembalo! | |
| Thematik/<br>Motivik | Tutti-Thema<br>a b c | Solo-Motive<br>$a^1$ $a^2$ $a^3$<br>T.10/11, 13 Tutti: a | a | $b^1$ | b' | $c^1$<br>T.35–37,<br>Tutti: a' | b' | $a^1$ $a^3$<br>T.44/45<br>Tutti: a | | Tutti: a |
| Tonart | D | D | A | | A | | h | h | | A |
| Entsprechung | | T. 1 | T. 1/2 | 3 | 3/4 | 7 | 5/6 | wie T.9<br>(1) | | wie T.19<br>(1/2) |
| Formabschnitt | RITORNELL<br>$R_1$ | $C_1$ | $R_2$ | $C_2$ | $R_3$ | $C_3$ | $R_4$ | $C_4$ | | |

| Takt | 50 – 70<br>50 | <br>58 | <br>60 | 70 – 101 | 101 – 110<br>101 | <br>102 | <br>109 | 110–121 | 121 – 125 |
|---|---|---|---|---|---|---|---|---|---|
| Besetzung | S | T | S | Concertino<br>mit Tutti-Begleitung | T | S<br>+ B.c. | T | S | Tutti<br>(ohne Flöte) |
| Thematik/<br>Motivik | $b^1$ | b | $b^1c^1$ | $b^2$ | a | $c^1$ | T.110 Tutti: a | $a^1$ $a^2$ $a^3$ | a b |
| Tonart | A | D | –fis | fis A E – A | A | | | D | D |
| Entsprechung | wie T.20<br>(2/<u>3</u>) | wie T.28<br>3 – 5 | 3<br>7 | | T. 19<br>(1/2) | <br>7 | <br>1 | T. 9–19 | T. 1–5 |
| Formabschnitt | | $R_5$ | $C_5$ | **Mittelteil** | $R_6$ | | | $C_6$ | **Ritornell**<br>$R_7$ |

| | **126 – 139** | | | **139 – 154** | **154 – 219** | **219 – 227** |
|---|---|---|---|---|---|---|
| Takt | 126 | 132 | 136 | | | |
| Besetzung | S | T | T | S<br>Cembalo! | | Tutti (ohne Flöte) |
| Thematik/<br>Motivik | $b^1$ $c^1$ | | b | Vorbereitung der Kadenz | Cembalo<br>Solo-Kadenz | Tutti – Thema<br>a b c |
| Tonart | | | D | | | D |
| Entsprechung | T.61–67<br>3<br>7 | 58–61<br>3 – 5 | | | | T. 1 – 9 |
| Formabschnitt | $C_7$ | $R_8$ | | $C_8$ | | **Ritornell**<br>$R_9$ |

## 2. Satz: Affetuoso, C, h-Moll

Der langsame Satz wird nur von den Soloinstrumenten ausgeführt und entspricht damit einer Trisonate für Flöte, Violine und obligates Cembalo. Hinsichtlich der Substanzbehandlung bestehen Beziehungen zum Andante des zweiten Konzerts. Allerdings wird hier das Prinzip der Wiederholung eines Themas nicht im Sinne des Ostinato angewandt. Vielmehr steht die Arbeit mit aus dem Thema gewonnenen Umgestaltungen im Vordergrund. Bach verbindet den Sonatensatz mit Mitteln des Konzertsatzes: mit dem konzertierenden Prinzip und mit der Ritornellform. So entsteht eine gegliederte Formanlage mit wiederkehrenden Abschnitten und dazwischen liegenden, das thematische Material abwandelnden Durchführungen.

Das Ritornell (T. 1–5) stellt nicht nur das Thema vor, sondern zugleich alle Elemente der späteren Umbildungen, sowie die Imitation als wichtige Satztechnik (Tafelbeispiel II). Es kehrt in die Dominante transponiert (T. 20–24) und am Schluß des Satzes (T. 45–49), identisch wieder. Nur in den Ritornellen erscheint das Thema vollständig. In anderen Satzabschnitten wird es auf die erste Phrase der Violinstimme oder auf den Themenkopf verkürzt zitiert.

Das charakteristische punktierte Kopfmotiv mit den beiden Sprüngen ist, mit Ausnahme der Takte 40–45, immer präsent. In der Baßstimme des ersten Takes ist es in umgekehrter Verlaufsrichtung angedeutet, ebenso in der Violine in Takt 4, jeweils mit Veränderung der Intervallsprünge. Zur Umkehrung der Violine erklingt im Cembalo die Originalgestalt. In den Takten 11 und 12 wird die Umkehrung nochmals versteckt zitiert, bis sie in Takt 14 deutlich als Motiv herausgehoben im Cembalo auftaucht und schließlich in den Takten 15 (Violine) und 16 (Flöte) die Gestalt erreicht hat, die der Umkehrung des Kopfmotivs am nächsten kommt.

Die gleichmäßigen Sechzehntel der Flötenstimme im Schlußtakt des Ritornells werden Ausgangspunkt einer Anzahl von Ableitungen, die durch ihre fließende, kantable Bewegung Kontraste in den Satz bringen. Zunächst werden die erste und die am häufigsten vorkommende zweite Ableitung in den Takten 6–9 vom Cembalo vorgetragen, in Takt 17–19 auch in Umkehrung. Aus den in Takt 17 folgenden Varianten 3 und 3a geht schließlich Variante 3b hervor, die in Takt 30 exponiert wird. Sie hat wiederum Ähnlichkeit mit der Umkehrung des Kopfmotivs.

Übersicht über die motivischen Zusammenhänge:

Beispiel 21

Die Zusammenstellung zeigt überdies Ähnlichkeiten der Ableitungen mit den ersten Umkehrungsgestalten des Kopfmotivs in den Takten 1 und 4 auf, so daß letzten Endes das Kopfmotiv als Keim aller motivischen Ausformungen gelten kann.

Das im Ritornell aufgestellte Material wird in Form von Umkehrung und Ableitungen in den zwischen den Ritornellen liegenden Abschnitten verarbeitet. In diesen Durchführungen werden die umgebildeten Motive vorgestellt, mit anderen kombiniert, kontrastiert, dem Themenkopf gegenübergestellt. Ähnlich wie im zweiten Satz des zweiten Konzerts bewirkt die kantable Ableitung aus dem Ritornell-Thema eine Teilung in zwei Satzhälften. Bis zum Ende des Ritornells Takt 24 stehen das Thema, das Kopfmotiv und seine Umkehrung im Vordergrund, danach wird das abgeleitete Motiv besonders hervorgehoben. Dieses wird zusätzlich betont durch Partien in Terzen- und Sextenparallelen zwischen Flöte und Violine (Ableitung 2 T. 28/29; 40/41; 43/45). Ganz eigenen Stellenwert erhält das abgeleitete Motiv als Kanon von Flöte und Violine (Ableitung 3b T. 30/31).

Ein Überblick über die Einbindung des konzertanten Prinzips in das Affettuoso gibt Aufschluß über die Bedeutung dieser imitatorischen Stelle im Satzverlauf: Das Ritornell beginnt mit der Imitation des Themas in den beiden Oberstimmen. Sie haben die melodische Führung, das Cembalo hat Continuo-Aufgabe. In den Durchführungen konzertiert das Cembalo, führt oder alterniert mit den Oberstimmen. In den Takten 30ff. accompagniert das Cembalo, so daß diese Durchführung dem Ritornell entspricht, in dem das Ableitungsmotiv die Funktion des Themas übernommen hat.

Formübersicht zum 2. Satz

Th = Thema; K = Kopfmotiv; v = verkürzt; U = Umkehrung; A = Ableitung; I = Imitation; acc. = accompagnato; R = Ritornell; Df. = Durchführung

| Takt | 1 – 5 | 5 – 10 | 10 – 14 | 14 – 20 | 20 – 24 |
|---|---|---|---|---|---|
| Formteil | R | Df. I | R Variante | Df. II (18) | R |
| Flöte | Th. } I. | Th. } K. | Th. } I. | U (18: Th.) | Stimm-tausch |
| Violine | Th. } I. | I. | Th. } I. | U (18: I. } K) | |
| Cembalo | acc. | Th. | acc. | U. UA2. A3a/3 | |
| Material | Th. | Th. v. A | Th. | U. A. (18: Th.v.) | |
| Tonart | h | h–D | D | h – fis | fis |
| | T | | Tp | T – D | D |

| Takt | 24 – 30 | 30 – 34 | 34 – 40 | 40 – 45 | 45–49 |
|---|---|---|---|---|---|
| Formteil | Df. III (28-30) | R-ähnlich 32 Df. IV | Df. V (38) | Df. VI (43-45 entspricht 28-30) | R |
| Flöte | A2 } Terzen | A3b } I. K | entspricht T. 14–20 Df. II (38: Th. } K) | A2a } Terzen } Sexten | |
| Violine | A2 } Terzen | A3b } I. K | (38: I.) | A2a } Terzen } Sexten | |
| Cembalo | K | acc. | | UA2 Sequenzen | |
| Material | K. A2 | A 3b K | | A2a. UA2 A2 | |
| Tonart | fis – e | e – G | e – h | h | h |
| | D – S | S Sp | S – T | T | T |

### 3. Satz: Allegro, 2/4, D-Dur

Bach stellt in jedem der drei Brandenburgischen Konzerte mit konzertanter Fuge als Schlußsatz eine ganz besondere Ausprägung seines Verständnisses der Gattung Konzert vor. Die konzertante Fuge bildet jeweils gewissermaßen das Fazit der vorangegangenen Ideen. Im zweiten Konzert geht es dem Komponisten um die immer stärker werdende Bedeutung des Concertino gegenüber dem Tutti. Das vierte Konzert beginnt dagegen mit Schwerpunkt auf dem Concertino mit rein begleitendem Tutti, das dann seinerseits im Verlauf des Werkes immer mehr an Bedeutung gewinnt. Parallel dazu verläuft die Übertragung des thematischen Materials vom Tutti auf das Concertino im zweiten Konzert, vom Concertino auf beide Partner im vierten Konzert. Außerdem stellte Bach im zweiten Konzert durch Ähnlichkeit der Themen des ersten und dritten Satzes, im vierten Konzert durch die auf Virtuosität der Solo-Violine abgestimmten Episoden, die Einheit des Werkes her. Im fünften Konzert wird eine weitere Idee der Konzertform entfaltet. Hier geht es weniger um Funktionswechsel zwischen Tutti und Solo oder um motivische Gemeinsamkeiten zwischen den Hauptthemen der Außensätze, auch nicht um Einbindung des Fugenprinzips in das Konzertprinzip. Im Mittelpunkt stehen das Motiv und seine Ab- und Verwandlungen, seine Verarbeitungsmöglichkeiten, die formbildende Qualitäten enthalten. Der Zusammenhang des Werkganzen entsteht aus der hier intensiver als in den übrigen Konzerten geübten Praxis der Ableitung des gesamten motivischen Materials aus den Anfangstakten eines Satzes. Im ersten und zweiten Satz ist die durchführungsartige Verarbeitung mit der Ritornellform verbunden. Diese wird jedoch im dritten Satz aufgelöst. Jedoch wird diese Auflösung nicht etwa durch strenge Fugentechnik ausgeglichen, – im Gegenteil, der Vorrang der motivisch-thematischen Arbeit geht so weit, daß das Fugenprinzip in den Außenteilen sehr frei gehandhabt, im Mittelteil des Satzes sogar nebensächlich wird.

Der Satz ist dreiteilig: Takt 1–78 in der Haupttonart D-Dur<br>
Takt 78–232 in der Parallele h-Moll,<br>
Takt 1–78 Da-capo.

Der erste Teil enthält siebzehn Themeneinsätze, die sich auf drei Durchführungen mit fünf, acht bzw. vier Einsätzen verteilen. Das zweitaktige Thema (Tafelbeispiel III) ist zweigliedrig angelegt mit einem markanten rhythmischen auf- und wieder absteigenden Quartsprung und folgender fließender Sekundfortschreitung. Die Tonart ist fest verankert durch den Sprung zum Grundton a'–d'' und den durch einen Quintsprung nach unten erreichten Schlußton d'. Die Beantwortung als Comes erfolgt tonal mit beginnendem Quintsprung. Die Aufeinanderfolge der Einsätze und Zwischenspiele bis zum Ende des Concertino (T. 29) und der Vergleich mit dem parallel angelegten Tutti (bis T. 64) zeigen, daß die Takte 1–29 Grundlage des ganzen Teiles sind, aus der alle weiteren Erscheinungen gewonnen werden. Ebenso wird klar, daß sich das Thema mit den Takten 3–8 zu einer achttaktigen Periode ergänzt:

| | | | |
|---|---|---|---|
| | Thema Flöte, Comes | Kontrapunkt | Sequenz |
| Thema Violine, Dux | Kontrapunkt | Kontrapunkt | |
| Takt 1–3 | 3–5 | 5–7 | 7–9 |
| | | (Tafelbeispiel IV) | |

[Vgl. C. Dahlhaus, Bachs konzertante Fugen, S. 59f. Dahlhaus gliedert in Vordersatz (= T. 1–5, Dux + Comes) und Nachsatz (= T. 5–9, Sequenz des Kontrapunktmotivs)].

Die Anlage des ersten Teils beruht auf Modifikation der im einleitenden Concertino (T. 1–29) exponierten Periode und ihrer Fortspinnung:

| | | |
|---|---|---|
| Takt 1–9 | 9–17 | 17–19 |
| Vordersatz – Nachsatz | Vordersatz – Nachsatz | |
| 1. Einsatz Violine | 3. Einsatz Cembalo (linke Hand) | 5. Einsatz Flöte |
| 2. Einsatz Flöte | 4. Einsatz Cembalo (rechte H.) | |
| D-Dur | A-Dur | A-Dur |

| |
|---|
| Takt 19–29 |
| Fortspinnung (als Zwischenspiel) |
| A-Dur |

In dem aus Fortspinnung der Achtelbewegung von Thema und Kontrapunkt entstehenden Zwischenspiel formuliert Bach auf engstem Raum (T. 19–25) drei Motive, die im weiteren Satzverlauf verarbeitet und kombiniert werden:

Beispiel 22

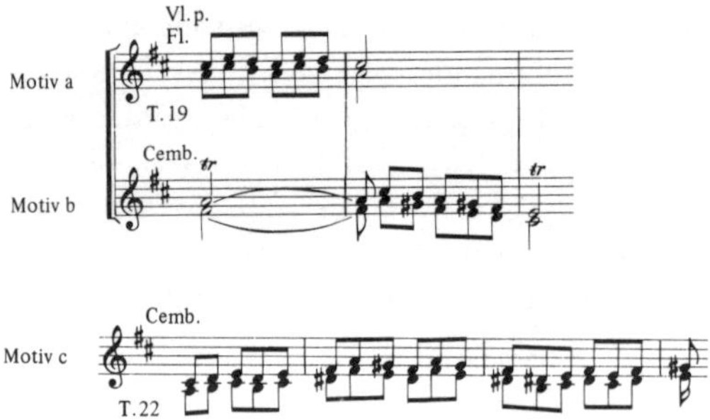


Der Tutti-Abschnitt Takt 29–64 entspricht weitgehend dem Concertino:

| Takt 29–39 | | 39–50 | |
|---|---|---|---|
| Vordersatz – | Nachsatz | Vordersatz – | Nachsatz |
| 6. Einsatz Viola | aus T. 7–9 | 9. Einsatz Bässe | erweitert |
| 7. Einsatz Violine | | 10. Einsatz Cembalo (r.H.) | Cembalo- |
| Erweiterung um | | Verkürzung durch | Figurationen |
| 8. Einsatz Violine/Flöte | | Engführung | 11. Einsatz |
| | | | Bässe |
| | D-Dur | | D-Dur |

| Takt 50–52 | 52–64 |
|---|---|
| | Fortspinnung |
| 12. Einsatz Flöte | Motive a, b (T. 52–55), c (T. 55–58) |
| | 13. Einsatz Violoncello, Violone |
| h-Moll | D-Dur |

Der erste Teil endet mit einer gegenüber den ersten beiden Abschnitten annähernd auf die Hälfte reduzierten dritten Durchführung, mit variierter Fortspinnung, abschließendem Themenzitat und Kadenz.

| | | |
|---|---|---|
| Takt 64–68 | 68–75 | 75–78 |
| Vordersatz | Fortspinnung | |
| 14.–16. Einsatz Viola-Violine-Bässe | Motive a, a' (T.68–71), | 17. Einsatz |
| Engführung | b' (T.71) | Violine, Flöte |
| | | Kadenz |
| D-Dur – E-Dur | E-Dur – D-Dur | D-Dur |

Der Mittelteil ist mit 154 Takten fast doppelt so lang wie die Außenteile. Er ist in zwei gleichgroße Hälften unterteilt (T. 79–155/155–232), die sich ihrerseits in vier + zwei Abschnitte gliedern lassen. In diesem Satzteil ist die thematische Arbeit wesentlicher als die kontrapunktische. Zwar ist das kurze Thema in jedem Abschnitt gegenwärtig, jedoch gewissermaßen unter verschiedenen Aspekten auf seine Verarbeitungsmöglichkeiten hin durchleuchtet. Es erscheint als Zitat, in Engführung, als Sequenz und erweist sich zu Umwandlung, Abwandlung, Abspaltung ebenso geeignet wie zu einfacher Harmonisierung und strenger Kanonbildung. In diesem Sinne beginnt der in der Tonikaparallele h-Moll stehende Mittelteil mit der Umwandlung des kurzen Themas in eine achttaktige Kantilene (Tafelbeispiel V). Nach der Flöte übernehmen Solo-Violine (T.89) und Cembalo (T.99, fis-Moll) das umgewandelte Thema, jeweils nach einem Zitat des Ausgangsthemas in Violine und Viola (T.87 bzw. 97). Sie werden mit der Fortspinnung des Kontrapunktmotivs aus Takt 7 in ruhig fließender Bewegung über einem Baß-Orgelpunkt begleitet. Die Kantilene erscheint Takt 148 ein letztes Mal als Abschluß prozeßhafter thematischer Arbeit, gewissermaßen mit dem Resultat der Umwandlung. Dieser Prozeß beginnt in Takt 106 mit der Entwicklung neuer Motive aus der Fortspinnungsthematik des ersten Teils, vor allem aus Motiv c':

Beispiel 23

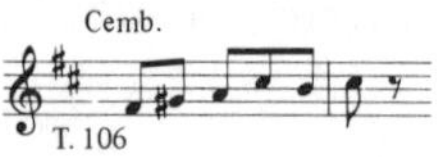


In dieser Entwicklung kommt es auch zu einer Engführung des Hauptthemas (T. 123). Der Umwandlungsprozeß scheint sich von Takt 128 an mit einer Durchführung fortzusetzen, diese ist jedoch tatsächlich eine modulierende viermalige Aneinanderreihung des Themas. Aus ihr geht wiederum eine motiv-verarbeitende Passage hevor (T. 136–148): Ripieno-Violine und Flöte/Solo-Violine sequenzieren gleichzeitig stufenweise aufsteigend den Themenkopf und den Kopf des Kontrapunktmotivs aus Takt 5:

Beispiel 24

Die Sequenzen werden mit dem vollständigen Zitat des Fugenthemas in A-Dur (Violine, T. 142) abgeschlossen, das anschließend (T. 145) in Gestalt einer Kadenzformel zum A-Dur-Zitat der Kantilene in Violine und Viola führt. Bach unterstrich den veränderten Klangcharakter mit der Anweisung „cantabile", die das umgewandelte Thema endgültig als kantables Kontrastthema ausweist. Durch dieses Umwandlungsverfahren schuf er eine Parallele zu den Takten 70–101 des ersten Satzes. Formal sind beide Abschnitte kontrastierende Mittelteile, deren Motivik aus der thematischen Substanz des Hauptthemas stammt (vgl. S. 82). Motivische Übereinstimmungen ergeben sich durch Quartsprung und Sekundschritt. Schließlich korrespondieren Ostinato-Prinzip des ersten und Orgelpunkt des dritten Satzes.

Nach diesem Verwandlungsprozeß stellte Bach in den folgenden Takten 155–192 das Hauptthema in drei Erscheinungsformen in den Mittelpunkt: als Unisono-Zitat, in Imitation und ausharmonisiert. Der strenge Oktavkanon des Cembalos (T. 163–177) wird von je zwei unisono gespielten Zitaten der Oberstimme umrahmt (T. 157–163 / 181–183). Dem zweiten Paar geht das Kopfmotiv in Dreiklangsharmonisierung voran (T. 177–180):

Beispiel 25

Alle Themenzitate erklingen zusammen mit der Fortspinnungsmotivik (c', b, a) im Cembalo, die in eine umfangreiche sequenzierende Fortspinnungsphase (T. 192–220) übergeht:

Beispiel 26

Der Mittelteil endet mit Engführung und Fortspinnung, die als Überleitung zum Da-capo die Schlußtakte 64–78 des ersten Teils aufgreifen.

## Gliederungsschema des Mittelteils

1. **Takt 79–106** Concertino
   8-taktige Kantilene
   Flöte T. 79, h-Moll
   Fugenthema Violine, Viola T. 87
   Violine T. 89, h-Moll
   Fugenthema Violine, Viola T. 97
   Cembalo T. 99, fis-Moll

2. **Takt 106–128** Concertino
   Fortspinnung
   Engführung Solo-Violine – Flöte T. 123 fis-Moll

3. **Takt 128–148** Tutti
   Verarbeitung des Themas fis-Moll – A-Dur

4. **Takt 148–155** Tutti
   8-taktige Kantilene
   Violine, Viola „cantabile" A-Dur

5. **Takt 155–220** Concertino
   Arbeit mit dem Thema
   T. 155–192: Unisono-Zitat / Kanon / Unisono-Zitat
   T. 192–220: Sequenzierende Fortspinnung A-Dur – Fis-Dur

6. **Takt 220–232** Tutti
   Engführung
   Fortspinnung Kadenz Fis-Dur/fis-Moll – h-Moll

## BRANDENBURGISCHES KONZERT NR. 6, BWV 1051

Besetzung: Viola da braccio I, II
Viola da gamba I, II
Violoncello
Violone e Cembalo

Bach setzte mit der Wahl dieses Konzerts als Abschluß der Serie einen Gegenpol zum Eröffnungsstück. Dem Auftakt mit dem umfangreichsten, am stärksten besetzten, vielfarbigsten Orchester-Konzert stellte er das Werk mit der geringsten Besetzung, den dunklen Klangfarben und die auf Einheitlichkeit angelegte Komposition gegenüber. Möglicherweise wollte er die Notation auf sechs Systemen symbolisch verstanden wissen. Die originelle kammermusikalische Besetzung ist ohne Vorbild. Im Vordergrund stehen die beiden Violen. Wie aus einem Zeugnis Philipp Emanuel Bachs bekannt ist, spielte sein Vater im Ensemble gerne Bratsche. Daher liegt die Vermutung nahe, daß Bach mit diesem Konzert für das sonst überwiegend zur Begleitung eingesetzte Instrument, und zugleich für sich selbst, ein anspruchsvolles Werk schreiben wollte. Falls es von Musikern der Köthener Kapelle aufgeführt worden ist, spielte wohl einer der Geiger die zweite Viola. Die einfacher spielbaren Gambenstimmen ließen sich dann durch die Teilnahme des Fürsten erklären. Diese konzertierenden Instrumente werden durch ein virtuos geführtes Solo-Violoncello ergänzt. Durch ihren hellen Klang erleichtern die Gamben als Mittelstimmen des tief registrierten Werkes das Durchhören des thematischen Geschehens. Dieses ist in allen Sätzen von kontrapunktischen Satztechniken und Einheit des Materials bestimmt. In den beiden schnellen Sätzen folgen deutlich abgegrenzte Tutti- und Solo-Abschnitte aufeinander, die durch ein Da-capo am Ende formale Abrundung erfahren. Die Ritornelle sind stets vollstimmig. Die Stimmenzahl der Episoden ist nicht im Sinne eines Concertino festgelegt, jedoch sind die Violen und das Violoncello, vor allem im Schlußsatz, führend.

## 1. Satz: (Allegro), ₵, B-Dur

Der Satz umfaßt sechs Tutti-Ritornelle und fünf Episoden, die sich in Klang und Ausdruck deutlich voneinander abheben, durch Satztechnik und motivisches Grundmaterial jedoch Gemeinsamkeit und Einheit bekunden. Die beiden Außentutti sind gleich, die anderen Ritornelle sind variiert und zum Teil erheblich verkürzt, während die Episoden immer größere Ausdehnung gewinnen.

Das 16-taktige Ritornell-Thema (Tafelbeispiel I) ist eine asymmetrische, sich aus Fortspinnungen entwickelnde Periode mit mehreren, auch auf die Thematik der Episoden einwirkenden charakteristischen Motiven, die zum Teil auch im dritten Satz wiederkehren:

1. das Kopfmotiv mit Sekundwechsel, Synkope und absteigendem gebrochenen Dreiklang (T. 1),
2. die Wiederholung des Sekundwechselmotivs mit synkopierter aufsteigender Dreiklangsbewegung (T. 2),
3. fortgesponnene Dreiklangsfiguren und Sekundgänge (T. 3–5).

Zusammenstellung der wichtigsten Ableitungen:

Beispiel 27

Auffällig ist der große Ambitus des Themas (c–f"), der durch beständiges Auf- und Absteigen der Motive ausgefüllt wird. Über ostinaten akkordischen Achteln der tiefen Instrumente führen die beiden Bratschen das Thema in einem nur gelegentlich unterbrochenen Kanon im Abstand einer Achtelnote durch. Dieses Verfahren veranlaßte 1771 den Bach-Schüler J.-Ph. Kirnberger, es als Beispiel in seinem Lehrbuch *Die Kunst des reinen Satzes* aufzunehmen. Im Kapitel „Anwendung des doppelten Contrapuncts in der Octave auf Canons" erläutert er die verschiedenen Arten der Wiederholung des Hauptthemas am Satzanfang und illustriert sie mit viereinhalb Takten des Ritornell-Themas: „Die zweyte Art war, daß die andere Stimme wie im nachfolgenden Beispiel, um ein Achtel, Viertel oder auch einem oder mehrere Takte nach dem Anfange des Themas eintrat. Dieser erste Satz würde zweistimmig betrachtet nicht nach den Regeln dieses Satzes eingerichtet seyn, und an verschiedenen Orten leer klingen; allein er ist aus einem sechsstimmigen Concert genommen, in welchem durch die noch hinzukommenden Stimmen die Harmonie ergänzt wird." [S. 57–58]

In der gleichen Weise sind die um die Fortspinnung der mittleren Takte verkürzten Binnenritornelle gestaltet. Alle beginnen mit dem Bratschenkanon der geringfügig veränderten Takte 1 und 2 über einer gleichsam stampfenden Akkordgrundlage. Der Tonartenplan verläuft von der Tonikaparallele (c-Moll/g-Moll) und zurück über die Subdominante (Es-Dur) zur Tonika.

Gegenüber der kompakten, Lineares und Vertikales verbindenden Anlage der Tutti-Ritornelle sind die Episoden lockerer, spielerischer und zunehmend umfangreicher gearbeitet. Zwar steht auch hier die Kanontechnik im Vordergrund, stellenweise konkurriert sie jedoch mit wechselnder Satztechnik und Instrumentation, wie zum Beispiel akkordischen Einschüben des Tutti oder Sextenparallelen der Bratschen. Die vorwiegend solistisch besetzten Episoden kontrastieren durch ihre gleichmäßige, engräumigere Bewegung zum ausgreifenden synkopischen Ritornell-Thema. Gleichwohl sind dessen Kopfmotiv und Dreiklangsbrechungen in den Episoden präsent, und bestimmt der Bratschenkanon weitgehend die Satztechnik. Die erste Episode (T. 17–25) stellt das zu Verkürzung und Verlängerung geeignete Material aller folgenden Episoden in fortlaufender Aneinanderreihung der Motive (Tafelbeispiel **II**): **1. Motiv a** (T. 17–21): Es besteht aus 2 + 2 Takten in gegenläufiger Richtung, die vom Sekundwechselmotiv des Ritornell-Themas und seinen Dreiklangsbrechungen ausgehen. In dieser Form ist das Motiv an den Bratschenkanon gebunden. Durch weitere Imitationen, verbunden mit dem Anwachsen der Stimmenzahl bis zur Vollstimmigkeit, wird die kontrapunktische Satztechnik intensiviert und das Kopfmotiv betont (Violoncello und Gamben T. 16ff. bzw. T. 17ff.) Der zweite Teil des Motivs a enthält eine Wendung, die ab der zweiten Episode (T. 30) selbständig wird in Verbindung von Violoncello mit Sextenparallelen der Bratschen:

Beispiel 28
Motiv a'

Ebenso verselbständigen sich die beiden ersten Takte von Motiv a (= $\frac{a}{2}$) in den homophonen Partien der zweiten, dritten und vierten Episode (T. 40–45, 52–56, 84–85). Die Motivhälfte wird von der Viola I zu Achtelrepetitionen der anderen Instrumente vorgetragen. Diese Akkordwiederholungen beziehen sich auf das Ritornell, sind jedoch ausdrucksmäßig durch Bindungen, piano und halbtaktige Harmoniewechsel gemildert.

**2. Motiv b** (T. 19–25): Es bewegt sich überwiegend in Sekundschritten. Wie Motiv a ist es in 2+2 Takte gegliedert, wobei die zweite Hälfte dem ruhigen Fließen der ersten Spannung durch synkopische Rhythmik entgegensetzt. Beide Hälften entfalten sich durch Sequenzierung. Das Motiv erklingt stets in dem nicht streng durchgeführten Bratschenkanon, überwiegend in Terzen, im Gegensatz zu den gleichlaufenden Stimmen von Motiv a. Es ist meist mit dem Kopfmotiv des Ritornell-Themas im Wechsel zwischen den beiden Gamben kombiniert.

## Formübersicht zum 1. Satz

| Abschnitt | **Ritornell** | **1. Episode** | | **Ritornell** | **2. Episode** | | | | | Ritornell |
|---|---|---|---|---|---|---|---|---|---|---|
| Takt | 1 – 17 | 17–25 | | 25–28 | 28–45 | | | | | 46–52 |
| Motive | Ritornell-Thema | 17–21<br>a<br>Kanon<br>Imitation | 21–25<br>b<br>Kanon<br>Kopfmotiv | verkürzt | 28–31<br>a<br>Kanon | 30–32<br>a'<br>Kanon | 31–36<br>a<br>Kanon<br>Imitation | 36–40<br>b<br>Kanon<br>Kopfmotiv | 40–45<br>a/2<br>Viola I<br>Akkordbegleitung | verkürzt |
| Besetzung | Tutti | → Tutti | solistisch | Tutti | solistisch | → Tutti | solistisch | Tutti | Tutti | Tutti |
| Tonart | B | B | F | F–B | B | F | | | G | c |

| Abschnitt | **3. Episode** | | | | | | **Ritornell** | **4. Episode** | | **Ritornell** |
|---|---|---|---|---|---|---|---|---|---|---|
| Takt | 52–73 | | | | | | 73–80 | 80–85 | | 86–91 |
| Motive | 52–56<br>a/2<br>Vla.<br>Akkordbegl. | 56–61<br>a<br>Kanon<br>Imitation | 61–65<br>b<br>Kanon<br>Kopfm. | 65–68<br>a<br>Kanon | 68–69<br>a' | 69–73<br>b<br>Kanon<br>Kopfm. Vcl | verkürzt | 80–84<br>a' | 84–85<br>a/2<br>Vla. I<br>Akkordbegl. | verkürzt |
| Besetzung | Tutti | → Tutti | solistisch | Tutti | solistisch | | Tutti | solistisch | | Tutti |
| Tonart | c | d | g | g | D | D | g | g B | | Es |

| Abschnitt | **5. Episode** | | | | | | **Ritornell** |
|---|---|---|---|---|---|---|---|
| Takt | 91 – 114 | | | | | | 114–130 |
| Motive | 91–95<br>a/2<br>Kanon | 95–101<br>b<br>Kanon<br>Kopfmotiv | 101–102<br>verkürzte Variante des<br>Ritornell-Themas | 102–106<br>a<br>Kanon<br>Imitation | 106–110<br>b<br>Kanon<br>Kopfmotiv | 110–114<br>b<br>Kanon<br>Vcl. | = T. 1–17 |
| Besetzung | Tutti | solistisch | | → Tutti | solistisch | solistisch | Tutti |
| Tonart | Es | B | F | B | B | B | B |

Die Motive erscheinen in den einzelnen Episoden in der Gestalt ihres ersten Auftretens und in verkürzten oder verlängerten Varianten. Ihre Reihenfolge ist stets verschieden, so daß keine Episode mit der anderen identisch ist, sich keine Symmetrien bilden.
Die Takte 101–102, die das erste Ritornellmotiv in Erinnerung rufen, demonstrieren die gemeinsame Grundgestalt von Ritornell- und Episoden-Material.

### 2. Satz: Adagio ma non tanto, 3/2, Es-Dur/g-Moll

Der dem ganzen Werk eigene Charakter von Kammermusik wird in diesem Satz durch das Schweigen der beiden Gamben ausdrücklich. Violone und Cembalo, sowie Violoncello bilden ein ständig präsentes Fundament, über dem sich in den beiden Bratschenstimmen eine ebenfalls durchgehende Bewegung vollzieht. Das Prinzip des Ostinato durchdringt das gesamte Stimmengefüge. Baß und Oberstimmen beruhen auf einem zu Beginn aufgestellten Modell, das den strengen Organisationsplan für die fünf- bzw. zehnmalige Wiederkehr im Verlauf des Satzes vorbildet. Die Baßstimme (Tafelbeispiel III) wird vom Violoncello unter Beibehaltung der Melodietöne in gleichmäßigen Vierteln umspielt. Sie umfaßt zehn Takte, deren Phrasen mit den Oberstimmen rhythmisch und motivisch kongruieren. Das Viola-Thema nämlich umspannt ebenfalls zehn Takte mit der charakteristischen Gliederung in Vordersatz, Fortspinnung und Kadenz (Tafelbeispiel IV). Der Vordersatz ist kontrapostisch angelegt. Der markante Themenkopf (a) bewegt sich in großen Notenwerten von der Tonartquinte aufwärts zur Sexte und abwärts zur Septime, die leittönig zum Grundton fortschreitet. Motiv b pendelt nach einem Terzsprung stufenweise in kleinen Notenwerten. Es bezieht Spannung aus Pause und Synkope. Der Fortspinnungsteil entwickelt sich aus sequenzierenden Achtelketten, deren Energie in den Takten 8 und 9 durch melodischen Stillstand auf dem Ton b gestaut wird. Darauf folgt der Kadenztakt.

Kontrapunktiert vom Fortspinnungsteil des ersten Einsatzes setzt das Oberstimmenthema in Takt 5 zum zweiten Mal ein. Die

Wiederaufnahme ist notengetreu einschließlich des dritten Taktes nach B-Dur transponiert (T. 5–7). Anstelle der ursprünglichen Fortführung wird dieser dritte Takt zweimal sequenziert, worauf der Kadenztakt 10 folgt. Diese Kadenz fällt mit der des Baßthemas zusammen. Die Veränderungen der zweiten Wiederaufnahme des Oberstimmenthemas von seinem vierten Takt an (T. 8) bzw. die beiden 'Stautakte' 8 und 9 erklären sich also aus der angestrebten Kongruenz von Baß und Oberstimmen: Das Oberstimmenthema erscheint zweimal über dem Baßthema. Dem Themenkopf mit der charakteristischen Rhythmik 𝅗𝅥 𝅗𝅥 | 𝅝 𝅗𝅥 korresponiert dabei die entsprechende Phrase der Baßstimme.

| | | | | | |
|---|---|---|---|---|---|
| Oberstimmenthema | 1 2 | 3 4 | 5 6 | (7) 8 | 10 |
| Wiederaufnahmen | | | | | |
| Baßthema | I | II | III | (IV) IV | V |

Außerdem kontrapunktiert der Fortspinnungsteil den nächsten Einsatz

Wiederaufnahmen 2 3 4 6 8 10.

Auf diese Weise fließen die Abschnitte [R. Gerber, S. 45/46, spricht von je zwei Stollen a und a' der Oberstimmen über einer ähnlich doppelstolligen Baßbewegung, die zusammen eine „Strophe" ergeben] viermal mit Austausch der Stimmeneinsätze und zum Teil geringfügigen Änderungen auf verschiedener Tonartebene bis Takt 40 ineinander. Die Identität der Oberstimmenthemen 1, 5, 7 präzisiert die Gliederung:

| Takt | 1 | 5 | 11 | 14 | 20 | 24 | 30 | 34 | 40 |
|---|---|---|---|---|---|---|---|---|---|
| Viola I | – | ② | Fortsp. | ④ | ⑤ | Fortsp. | – | ⑧ | |
| Viola II | ① | Fortsp. | ③ | Fortsp. | – | ⑥ | ⑦ | Fortsp. | |
| Ausprägung | A | A' | A'' | A''' | A | A''' | A | A' | |
| Baß | I | | II | | III | | IV | | |
| Tonart | Es – | B | B – | Es | c – | *f* | Es – | As | As |

Ab Takt 40 wird das Schema durchbrochen. Die Bratschen übergeben nun ihr Thema an die Bässe und führen die Fortspinnung duettierend bis Takt 48 weiter. Diese erweist sich allerdings zusammen mit den Bässen als Umwandlung des Satzgefüges. Aus dem Ablauf des Themas mit der Aufeinanderfolge der einzelnen Glieder wird eine Übereinanderschichtung: Zum Zitat des Themenkopfes a, Takt 40 und 42, in den Bässen erklingt in den Bratschen zugleich das Motiv b des Vordersatzes (T. 40, 41, 42) und das der Fortspinnung. Ab Takt 44 scheint sich der Vorgang zu wiederholen (T. 44/45 Themenkopf a – Baß, Fortspinnung – Viola I; T. 44 Motiv b – Viola II). Der Themenkopf im Baß wird jedoch zum vollständigen Vordersatz, kontrapunktiert von der aus der Fortspinnung entwickelten Bratschenstimme. Ab Takt 48 werden die alten Verhältnisse noch einmal hergestellt durch Übernahme des ursprünglichen Fortspinnungsteils durch Viola II zu einem Themeneinsatz in Viola I und durch Wiederaufnahme des ursprünglichen Baßthemas von seinem fünften Takt an. Damit erweist sich der Baßeinsatz Takt 44 als neunte Wiederaufnahme des Themas und im Zusammenhang mit dem zehnten Einsatz in der Oberstimme Takt 48 zugleich als Beginn des fünften Abschnitts.

Ab Takt 54 schließt sich eine Coda an, die die Elemente des vorangehenden Abschnitts mit Motiven der Fortspinnung, der Andeutung des Themenkopfes mit Intervallvertauschung in Vergrößerung (T. 54 in Viola I), sowie Motiv b (T. 56 in den Bässen, T. 57, 59, 60 in Viola I) rekapituliert:

| Takt | 40 | 41 | 42 | 44 | 48 | 54 | 56 | 57 | 59 | 60 | 62 |
|---|---|---|---|---|---|---|---|---|---|---|---|
| Viola I | | b | | | (10) | „Vergrößerung | | b | b | b | |
| Viola II | b | | b | b | Fortsp. | | | | | | |
| Ausprägung | | | | A | A' | | | | | | |
| Baß | a | | a | (9) | V | | b | | | | |
| Tonart | f | | c | g | g | G g | | | | | D |
| | | | | | | — Coda — | | | | | |

Trotz der in allen Phasen des Satzablaufs beibehaltenen thematischen Einheitlichkeit und des Fehlens von Zäsuren zeigt sich eine latente Zweiteiligkeit durch die in den Takten 1–40 angewandte Wiederholungstechnik und durch die ab Takt 40 das Schema durchbrechenden Umschichtungen. Dieser Zweiteiligkeit korrespondiert ein Tonartenplan, der für den ersten Teil Durtonarten bevorzugt, für den zweiten Teil Moll mit dem unerwarteten D-Dur-Schluß.

## 3. Satz: Allegro, 12/8, B-Dur

Der Satz ist dreiteilig (ABA). Bach hat sich im Autograph das Schreiben der Wiederholung des ersten Teils durch den Vermerk „da capo" erspart.

Das achttaktige Ritornell-Thema (Tafelbeispiel V) ist mit dem des ersten Satzes verwandt durch das gleiche Kopfmotiv, die gebrochenen Dreiklangsfiguren und die synkopischen Rhythmen. Es besteht aus zwei Motiven mit Fortspinnung: Motiv a (T. 1–2) scheint eine Gigue einleiten zu wollen, deren gleichmäßig wiegende Tonfolge jedoch in Motiv b (T. 2–4) durch Synkopen gestört wird, an die sich eine Fortspinnung mit Kadenz (T. 4–8) anschließt. Das Ritornell kehrt vom Tutti gespielt dreimal vollständig in der Haupttonart (T. 38–45, 66–73, 102–110), dreimal auf Motiv a verkürzt transponiert (T. 12–14, 52–53, 77–79) und viermal auf Takt 5 der Fortspinnung beschränkt (T. 19, 34, 84, 99) wieder. Die ersten beiden der, thematisch gesehen, drei Episoden sind aus dem Ritornell abgeleitet. Alle beginnen imitatorisch, bei Wiederholungen mit Stimmtausch. In Episode I (T. 8–12) werden die Takte 1–4 des Themas umspielt. Über der in Achtelfiguren aufgelösten Baßstimme im Violoncello figurieren beide Bratschen zunächst im Kanon Motiv a. Viola II setzt die Umspielung des Motivs b, das Viola I übernommen hat, fort. (Tafelbeispiel VI) Nach einem Tutti-Zitat des Motivs a (T. 12–14) wird die Episode transponiert wiederholt. Daran schließen sich die variierte Fortspinnung und die Kadenz der Takte 5–8 an, so daß der ganze Komplex (T. 8–22) eine Variation des Ritornells darstellt. Episode II (T. 22–26) bringt ein neues Motiv:

Beispiel 29

Es erinnert durch die übergebundenen Noten an Motiv b. In der folgenden Variante des Motivs (T. 26–31) wird diese Verwandtschaft bekräftigt. In dieser Episode trägt das Violoncello die Umspielungsfiguren vor. Nach einem Rückgriff auf die ersten beiden Takte von Episode I (T. 32–33) folgt wieder, wie im ersten Abschnitt, die variierte Fortspinnung mit Kadenz (T. 34–37), so daß auch dieser Abschnitt als variationsmäßige Verarbeitung des Ritornells mit Schwerpunkt auf Motiv b aufgefaßt werden kann.

Der Tonartenplan verläuft in diesem Teil von der Tonika zur Dominante im ersten Abschnitt (T. 8–22) und zurück zur Tonika im zweiten (T. 22–37). Der nach dem anschließenden Ritornell einsetzende Mittelteil (T. 45–65) verlagert das harmonische Geschehen nach Moll und bringt neues motivisches Material. Zunächst setzt Episode III (T. 45–51) mit Spielfiguren der Bratschen in der Art des gebrochenen Stils über einem orgelpunktartigen Baßfundament ein, denen Dreiklangsbrechungen und Skalen folgen:

Beispiel 30

Das Tutti-Zitat von Motiv a (T. 52–53) stellt sofort wieder die Verbindung zum Ausgangsmaterial her, desgleichen die transponierte Wiederholung von Episode II (T. 52–57). Unmittelbar schließt sich die transponierte Wiederholung von Episode III (T. 57–63) an. Sie wird durch die Schlußtakte 7–8 des Ritornells als Überleitung zu dessen vollständiger Wiederkehr (T. 66–73), die das Da-capo des A-Teils einleitet, beendet. So ist auch der Mittelteil trotz der neuen Motivik in das Grundmaterial eingebunden.

## Formübersicht zum 3. Satz

Formteil A

| Takt 1 – 8 | 8 – 12 | 12 – 14 | 14 – 18 | 19 – 22 |
|---|---|---|---|---|
| **Ritornell**<br>Motiv a b Fortspinnung<br>T. 1–2 3–4 5–8<br>B-Dur<br>Tutti | **1. Episode** (I) Vla.<br>figurierte Variation a + b<br>(entspricht T. 1–4)<br>B – F<br>Solo | **Ritornell verkürzt**<br>a<br>(= T. 1–2<br>F<br>Tutti | **2. Episode** (I) Vla.<br>(= T. 8–12)<br>(entspricht T. 1–4)<br>F – C<br>Solo | variierte Fortspinnung, Vla.<br>(entspricht T. 5–8)<br>F<br>Tutti |

| Takt 22 – 26 | 27 – 31 | 32 – 33 | 34 – 37 | 38 – 45 |
|---|---|---|---|---|
| **3. Episode** (II) Vla. Vcl.<br>neues Motiv, mit b verwandt<br>F – B<br>solistisch | Vla. Vcl.<br>figurierte Variante von b<br>F – F<br>Tutti | **4. Episode** (I) Vla.<br>(= T. 8–10)<br>(entspricht T. 1–2)<br>B<br>Solo | variierte Fortspinnung. Vla.<br>(entspricht T. 5–8) = T. 19–22<br>B<br>Tutti/Solo | Ritornell<br>B<br>Tutti |

Formteil B

| Takt 45 – 51 | 52 – 53 | 53 – 57 | 57 – 63 | 64 – 65 | 66 – 73 |
|---|---|---|---|---|---|
| **5. Episode** (III) Vla.<br>neue Spielfiguren<br>g-moll<br>Solo | Ritornell verkürzt<br>a<br>(= T. 13–14)<br>(entspricht T. 1–2)<br>g<br>Tutti | **6. Episode** (II) Vla. Vcl.<br>(= T. 22–26)<br>d<br>solistisch | **7. Episode** (III) Vla.<br>(= T. 45–51)<br>d<br>Tutti/Solo | Überleitung<br>(= T. 7–8)<br>d<br>Tutti | Ritornell<br>= d.c. A<br>T. 1–45<br>B<br>Tutti |

# ZUR REZEPTIONSGESCHICHTE DER BRANDENBURGISCHEN KONZERTE

Die Rezeption der Werke Johann Sebastian Bachs ist in besonderem Maße mit dem Bild verknüpft, das sich spätere Generationen von ihm machten. Schon in den dreißiger Jahren des 18. Jahrhunderts kam den Jüngeren die Musik Bachs, soweit sie sie überhaupt zur Kenntnis nahmen, antiquiert, zum Teil sogar unverständlich vor. Die neue Ästhetik der Aufklärung zeigt sich in der Kritik, die Johann Adolf Scheibe (1708–1776)[7], der Herausgeber der Zeitschrift *Der Critische Musicus*, 1737 veröffentlichte (und die er 1745 noch einmal drucken ließ). Nach einem Lob Bachs als „außerordentlichem Künstler auf dem Klavier und auf der Orgel" setzte Scheibe seine Kritik an (vgl. Dokumente II). Offensichtlich beabsichtigte er, mit den Prädikaten „schwülstig" und „verworren" Bachs Chromatik und Dissonanzbehandlung, den kontrapunktischen „alten Styl" des Thomaskantors gegen sein eigenes Ideal einer von Einfachheit und Natürlichkeit bestimmten „neuen" Musik abzuheben. Obwohl sich die Mißbilligung keineswegs gegen die Instrumentalwerke der Köthener Zeit richtete, die Scheibe wahrscheinlich gar nicht kannte, ist die Kritik dennoch symptomatisch für die Epochenwende in der Musik. Aus seiner aufklärerischen Einstellung heraus legte Scheibe dar, daß Bachs Musik nicht mehr zeitgemäß war. Und die Zeit gab Scheibe recht. Bach selbst ließ sich dadurch nicht beirren. Er orientierte sich nicht an den neuen kompositionstechnischen und ästhetischen Maximen, widmete sich im Gegenteil um so intensiver dem „alten Styl".

Um Verbreitung und Aufführung der Konzertte der Vor-Leipziger Zeit hat sich Bach offenbar nicht gekümmert. Da diese Werke nur handschriftlich existierten und Bachs Ruf als Komponist zu seinen Lebzeiten über seinen begrenzten Wirkungskreis nicht hinausdrang, gab es auch keine Verbreitung der Werke in Abschriften oder in Drucken. Sogar durch die beträchtliche Zahl seiner Schüler scheint sich diese Situation kaum geändert zu haben. Bach selbst übernahm einzelne Sätze der Brandenburgischen Konzerte in Kantaten: die ersten Sätze des ersten und dritten Konzerts als Einleitungssätze zu den Kantaten Nr. 52 (um 1726) „Falsche Welt, dir trau ich nicht“ und Nr. 174 (1729) „Ich liebe den Höchsten von ganzem Gemüte“; den dritten Satz und das zweite Trio des ersten Konzerts für den ersten Chor und das Ritornell der weltlichen Kantate Nr. 207 (1726) „Vereinigte Zwietracht der wechselnden Saiten“. Für seine Schüler in Leipzig (Agricola, Altnikol, Nickelmann u.a.) arbeitete er eigene Streicher- und Bläserkonzerte außerdem zu Klavierkonzerten um, die von diesen auch aufgeführt wurden. In diesem Zusamenhang steht auch die Bearbeitung des vierten Brandenburgischen Konzerts als Klavierkonzert in F (BWV 1057, ca. 1739–42). Tatsächlich erreichten Bachs Konzerte in den Fassungen als Klavierkonzerte einen höheren Grad der Verbreitung. Dies scheint jedenfalls aus der verhältnismäßig umfangreichen Quellenüberlieferung hervorzugehen. Um 1750 und sogar später noch wurden einige von ihnen im engeren Schülerkreis gespielt. Chr. F. Penzel (1737–1808) erstellte auch Aufführungsmaterial für das zweite und dritte Brandenburgische Konzert. Es ist jedoch nicht gesichert, daß sie wirklich aufgeführt wurden. Aus dem allgemeinen öffentlichen Musikleben, wo sie eigentlich nie Fuß gefaßt hatten, blieben Bachs Werke jedenfalls so gut wie ausgeschlossen. Das Bild des Komponisten verblaßte nach seinem Tode zu dem des legendären Orgelvirtuosen und Kontrapunktikers. So sah ihn bereits G. Ph. Telemann (1681–1767). Selbst die Bach-Söhne scheinen für die Kompositionen ihres Vaters nicht mehr viel übrig gehabt zu haben. Carl Philipp Emanuel beispielsweise setzte sich um 1770 lieber für die Pflege der Werke Händels ein. Dem späteren 18. Jahrhunderts galt Bach vornehmlich als der unerreichte „Fugenmeister“ des *Wohltemperierten Klaviers*, das man vor allem im Klavierunterricht weiterhin studierte.

In den posthumen Werkverzeichnissen nehmen die Konzerte einen untergeordneten Rang ein. Das Werkverzeichnis im Nekrolog von 1754 [Bach-Dokumente III, Nr. 666, S. 86] nennt zuerst die im Druck vorliegenden Kompositionen bzw. Sammlungen und gibt dann eine Übersicht über die „ungedruckten Werke des seligen

Bachs". Am Ende werden „Verschiedene Concerte für das 1.2.3. und 4. Clavicymbale" sowie „Endlich eine Menge anderer Instrumentalsachen, von allerley Art, und für allerley Instrumente" erwähnt. Es bleibt offen, ob die Brandenburgischen Konzerte darin eingeschlossen sind. Sie fehlen jedenfalls bei der 1773 erfolgten Ergänzung durch Chr. D. Ebeling und J.J. Bode. [Bach-Dokumente III, Nr. 776, S. 246] Auch Carl Philipp Emanuel nennt sie nicht im Nachlaßverzeichnis von 1790, ebensowenig Johann Nikolaus Forkel (1749–1818)[8] in seiner Schrift *Über Johann Sebastian Bachs Leben, Kunst und Kunstwerke* (1802), zu der der Bach-Sohn Informationen beitrug.

Nach dem Versiegen der Tradition setzte mit Forkels Abhandlung, die ursprünglich als Abschluß des dritten Bandes seiner *Allgemeinen Geschichte der Musik* (1778–1801) gedacht war, vor dem Hintergrund eines neuen nationalen und historischen Bewußtseins die Beschäftigung mit dem Komponisten wieder ein: „Die Werke, die uns Johann Sebastian Bach hinterlassen hat, sind ein unschätzbares National-Erbgut, dem kein anderes Volk etwas ähnliches entgegensetzen kann. Wer sie der Gefahr entreißt, durch fehlerhafte Abschriften entstellt zu werden, und so allmählich dem Untergange entgegen zu gehen, errichtet dem Künstler ein unvergängliches Denkmahl, und erwirbt sich ein Verdienst um das Vaterland; ... die Erhaltung des Andenkens an diesen großen Mann ist nicht bloß Kunst-Angelegenheit – sie ist Nationalangelegenheit." [Vorrede S. 7/8]

Bach wurde für die Generation Forkels, in der ein neues Nationalbewußtsein erwachte, zu einem geschichtlichen Denkmal der Nation und zu einer Symbolfigur deutschen Geistes und deutscher Kultur. Es folgte die Wiederentdeckung der Bachschen Musik, die allerdings durch Bearbeitungen dem Zeitgeschmack nahegebracht wurde. Man strich, bezeichnete für den ‚Vortrag' und griff gelegentlich auch in die Komposition und Besetzung ein. Eine solche Bearbeitung, obwohl sie mit Zurückhaltung und Ehrfurcht vor dem Werk vorgenommen wurde, erklang auch in der denkwürdigen Aufführung der Matthäus-Passion durch F. Mendelssohn-Bartholdy am 11. März 1829. Die Konzerte indessen blieben weiterhin selbst

Kennern unbekannt. Dazu trug wohl weniger ihre zum Teil ausgefallene Besetzung als ihr „Stil" bei: Er vor allem galt als „veraltet" und vom neueren Typus des Solokonzerts überholt. Man betrachtete Bachs Konzerte als Werke aus der Frühzeit einer Gattung, die inzwischen längst eine vollkommenere Gestalt erhalten hatte. So äußerte sich schon Forkel über die ihm bekannten Konzerte, insbesondere die Violinkonzerte, sie seien „ohngeachtet des darin liegenden Kunstreichtums in Rücksicht auf Form und übrige Einrichtung veraltet." [S. 104] In der Jahrhundertmitte sprach C.L. Hilgenfeldt von ihrem „etwas altfränkischen Zuschnitt" [Johann Sebastian Bachs Leben, Wirken und Werke. Ein Beitrag zur Kunstgeschichte des 18. Jahrhunderts. Als Programm zu dem am 28. Juli 1850 eintretenden Säkulartage des Todes von J.S. Bach. Leipzig 1850, S. 127]. Die Brandenburgischen Konzerte erwähnte auch er nicht. Im Druck erschien als erstes Konzert von Bach im Jahr 1838 das d-Moll-Klavierkonzert (BWV 1052) bei Kistner in Leipzig. Die Brandenburgischen Konzerte kamen erst 1850 heraus.

Umso bemerkenswerter sind die Veranstaltungen in der „Berliner Singakademie" unter der Leitung von Karl Friedrich Zelter (1758–1832)[9], der zwischen 1807 und 1816 die Violinkonzerte, das eben genannte Cembalokonzert, sowie die Brandenburgischen Konzerte 5, 6, 4 und 2 aufführen ließ, allerdings nicht öffentlich. Merkwürdigerweise nahm Mendelssohn[10] in den „historischen" Konzerten, die er in Berlin und Leipzig unter dem erzieherischen Aspekt veranstaltete, ältere, vor allem vorklassische Musik, in die Programme einzubeziehen, keines der Brandenburgischen Konzerte auf, obwohl er sie durch seinen Lehrer Zelter sicherlich kennengelernt hatte. Hingegen führte er die Orchester-Suiten, das Cembalokonzert in d-Moll, sowie das Konzert für drei Cembali (BWV 1063) zwischen 1832 und 1847 auf, wobei letzteres vorwiegend von berühmten Virtuosen (Mendelssohn selbst, Clara Wieck, Liszt, Hiller, Moscheles) ausgeführt wurde. Abgesehen von der ungewöhnlichen Besetzung der Brandenburgischen Konzerte mag ihn auch die Reserviertheit der an Beethovens Musik orientierten Kritiker gegenüber Bachs Instrumentalwerken davon abgehalten haben, diese Konzerte in seinen Programmen zu berücksichtigen. Äußerungen wie die folgende dürften auch die Einstellung des Publikums wiedergespiegelt haben: „Wer sollte sich zu sagen getrauen, die Suite für Orchester von J.S. Bach hat mir einen eben solchen Genuß gewährt als eine Beethovensche Symphonie ...?" [Allgemeine musikalische Zeitung zum letzten Zyklus, Leipzig, Februar/März 1847]

In Frankfurt am Main setzte sich J.N. Schelble (1789–1837)[11] in besonderem Maße für Bachs Werke ein und leitete unter anderem 1835 im Cäcilienverein die Aufführung des dritten Brandenburgischen Konzerts unter der Bezeichnung „10-stimmiges Allegro für Saiteninstrumente".

Nach der Drucklegung gelangten die Brandenburgischen Konzerte 3 und 5 1853 und 4 1855 im Gewandhaus zu Leipzig unter J.Rietz zur Aufführung. Unter seinem Nachfolger C. Reineck erklang das dritte Konzert in den Jahren von 1861 bis 1877 fünf Mal.

Erstherausgeber der Brandenburgischen Konzerte war S.W. Dehn (1799–1858)[12], der sie 1849 im Zuge einer Zusammenstellung sämtlicher in den Berliner Sammlungen vorhandenen Werke Bachs in der Amalienbibliothek neu auffand (Mus.ms.theor. K 429 der BBJ). In einem Brief (1849) an F.A. Roitzsch heißt es: „Bei der Anfertigung meines Catalogs sämmtlicher in Berlin von J.S. Bach vorhandenen Werke bin ich auf manche bisher ganz unbekannte, (selbst seinen Söhnen Carl Philipp Emanuel und Wilhelm Friedemann, wie auch dem exacten Forkel unbekannt gebliebenen) Werke von der höchsten Bedeutung gestoßen, auf VI Concerti grossi ..." (vgl. Dokumente III).

Mit Dehns Ausgabe bei Schott 1850 begann die eigentliche Rezeptionsgeschichte der zuvor niemals einer breiteren Öffentlichkeit zugänglichen Brandenburgischen Konzerte. In eine neue entscheidende Phase trat die Bach-Rezeption mit der Gründung der Bach-Gesellschaft im Jahr 1850 unter der Leitung von Moritz Hauptmann (1792–1868)[13]. Sie setzte sich die wissenschaftliche Erforschung, Sammlung und Herausgabe sämtlicher Werke Bachs zum Ziel. Im Jahr 1900 lag diese „Gesamtausgabe" mit ihren 46 Bänden abgeschlossen vor. Die Brandenburgischen Konzerte wurden von Wilhelm Rust (1822–1892)[14] herausgegeben und erschienen im Jahr 1869 (vgl. Dokumente IV). Im Umfeld der

Bach-Gesamtausgabe entstand die grundlegende und monumentale Biographie von Philipp Spitta (1841–1894)[15] [Johann Sebastian Bach, 2 Bände, Leipzig 1873–80]. Er verband die Darstellung von Bachs Leben mit der seiner Werke, der Musik seiner Zeit und seiner Vorgänger (vgl. Dokumente V). Hier wurde die bis zur Mitte unseres Jahrhunderts unangefochten geltende Vorstellung von Bach als dem Diener der Kirche, dem „Erzprotestanten", dem Kantor, als dem unbeirrbaren Wahrer der Tradition und dem Kirchenkomponisten formuliert. Die weltlichen und rein instrumentalen Werke kamen dagegen eher als Nebenprodukte in Betracht.

Daher erstaunt es nicht, daß die Brandenburgischen Konzerte im Konzertsaal weiterhin Raritäten blieben. Daran änderte zunächst auch die 1900 nach Auflösung der Alten Bach-Gesellschaft erfolgte Gründung der Neuen Bach-Gesellschaft nichts, die sich der Bekanntmachung des Werkes durch Veröffentlichung praktischer Ausgaben, der Herausgabe der Bach-Jahrbücher (seit 1904) und der Veranstaltung von Bach-Festen widmete. Bachs Werke einem vorwiegend mit Wiener Klassik und Romantik vertrauten Publikum zugänglich zu machen, war das Anliegen der als „Praktische Ausgaben", Transkriptionen oder Paraphrasen vorliegenden Bearbeitungen Max Regers (1873–1916) und Ferruccio Busonis (1866–1924), die sich durch Bachs eigene Bearbeitungstätigkeit legitimiert sahen. Reger unternahm es, die Brandenburgischen Konzerte durch griffgerechten Satz für Klavier zu vier Händen der Hausmusik zugänglich zu machen [Edition Peters 1905/06 Band I, Nr. 1–3, Band II, Nr. 4–6]. Im Jahr 1915 erschien bei Breitkopf seine Bearbeitung des fünften Konzerts für Klavier, Flöte, Violine mit Streichquintett. Die Bearbeitungen bestanden in der genauen Bezeichnung von Dynamik, Phrasierung, Artikulation, Tempo, Agogik, speziellen Vortragsangaben, gelegentlichen Notentextänderungen, sowie in der Aussetzung des Generalbasses im fünften Konzert. Dieses Konzert führte Reger auch immer wieder auf. Die Brandenburgischen Konzerte hatte er übrigens durch den Thomaskantor Karl Straube (1873–1950)[16] kennengelernt. „ ... Von Bach war ihm vertraut das Wohltemperierte Klavier und die Orgelwerke ... Die Suiten und die ‚Brandenburgischen' kannte er gar nicht. Ich

war es, der die Bekanntschaft vermittelte." [Briefe eines Thomaskantors, Stuttgart 1952, S. 175]
Während man im 19. Jahrhundert und zu Beginn des 20. die Musik Bachs nach den Gepflogenheiten der eigenen Zeit aufführte, nahm die Bachpflege in den zwanziger Jahren im Zusammenhang mit den verschiedenen „Bewegungen" – Jugendbewegung, Singbewegung, Erneuerungsbewegung der Kirchen, Orgelbewegung – eine oppositionelle Haltung zum übrigen Konzertwesen ein. Nun besann man sich auf Stilmittel und Instrumentarium der Bachzeit, bedachte und empfand den Widerspruch zwischen dem Ideal der „Werktreue" gegenüber alter Musik und dem satten Klang des großen Orchesters. Ein Anzeichen dafür bietet die Besprechung einer Aufführung des vierten Brandenburgischen Konzerts durch das Gewandhaus-Orchester in Leipzig unter Arthur Nikisch (1855–1922)[17]: „Geradezu peinlich berührte ..... die sehr mangelhafte Wiedergabe des Brandenburgischen Konzertes G-Dur von J.S. Bach, dessen Solopartien die Herren Ysaye, Schwedler und Fischer übernommen hatten, das aber so gut wie vom Blatt gespielt, im Tempo überhetzt und durch unüberlegt starke Besetzung des Streichorchesters oft ganz unkenntlich wurde ..." [*Allgemeine Musikzeitung* vom 24.1.1908]

Gegen die romantisierende Auffassung Bachscher Musik führte Straube bereits seit 1904 als Leiter des Bach-Vereins in Leipzig die Aufführung Bachscher Werke mit einer für die Zeit unerhört kleinen Besetzung ein. Im Zusammenwirken von Praxis und Bach-Forschung, die neben der analytischen Erschließung der Werke deren historische Aufführungsbedingungen untersuchte, wurden neue Erkenntnisse gewonnen, die vor allem auf den Leipziger Bach-Festen der Neuen Bach-Gesellschaft zum Tragen kamen. Seit 1907 bzw. 1910 ersetzten Max Seiffert und Wanda Landowska das bisher als Solo- und Continuo-Instrument dienende Klavier durch das Cembalo.

Der Name Albert Schweitzers (1875–1965) ist untrennbar mit der „Orgelbewegung" verbunden, die sich unter anderem für die Restaurierung wertvoller alter Instrumente einsetzte. In seinem Buch *J.S. Bach, le Musicien poète* (1905, deutsch 1908) gibt er einen interessanten Einblick in den Anteil Bachscher Werke innerhalb der zeitgenössischen Konzertprogramme: „Mit dem öffentlichen Musikleben ist es nicht so gut bestellt. Wer in unseren Konzertsälen den ganzen Bach sucht, dürfte einige Enttäuschungen erleben. Unsere Klaviervirtuosen bieten uns mehr Transkriptionen der Orgelwerke als Originalkompositionen. Aus welchem Grunde, ist nicht ersichtlich. Warum müssen es denn immer und immer wieder das Präludium und die Fuge in A-Moll sein, die man dem Publikum vorsetzt? Auch in der Lisztschen Bearbeitung bleiben sie auf dem Klavier doch nur Stückwerk. Wo kann man die Suiten, wo das Wohltemperierte Klavier, wo das Italienische Konzert, wo die Chromatische Phantasie, wo das Klavierkonzert in A-Moll, wo das C-Dur-Konzert für 2 Klaviere häufiger vorgetragen hören? Wo gehören die Brandenburgischen Konzerte und die Orchestersuiten zum eisernen Bestand des Programms? Wo werden Bachsche Profankantaten regelmäßig aufgeführt? Eine Bachstatistik unserer Konzertprogramme würde merkwürdige Ergebnisse zutage fördern und zeigen, daß es nicht allzuviele Städte gibt, wo der Hörer Bach wirklich kennenlernen kann." [S. 242] (Vgl. auch Dokumente VI und VII) (Die Übersicht der *Bach-Jahrbücher* 1906, 1912 und 1914 für die Jahre 1904–1907/1911–1914 nennt als Aufführungsorte der Brandenburgischen Konzerte – in der Rangfolge Nr. 3, 5, 2, 4, 6, 1 – als bedeutende Zentren Berlin, Leipzig, Göttingen, Breslau, Zürich, London, Wien, daneben Aachen, Bern, Bonn, Dortmund, Düsseldorf, Mannheim, Stuttgart, Basel, Köln, Darmstadt, Liverpool, Lübeck, Nancy, Baden-Baden, Eisenach, Paris, St. Petersburg.)

Als im Zuge der „Neuen Sachlichkeit" in den 1920er Jahren die ‚Barock-Musik' und damit auch die Instrumentalmusik von Bach vermehrt in den Gesichtskreis trat (gegenüber der ‚Bekenntnis-Musik' des 19. Jahrhunderts propagierte man die „Spielmusik") hatte dies auch Rückwirkungen auf die kompositorische Praxis (‚Neobarock'). Nicht zuletzt durch die Brandenburgischen Konzerte wurde Paul Hindemith in den Jahren 1924–27 zur Komposition seiner Konzerte für Klavier, Violoncello, Violine, Viola d'amore angeregt. Igor Strawinsky komponierte 1938 sein Kammerkonzert in Es *Dumbarton Oaks*, von dem er sagte, es sei sein Brandenburgisches Konzert.

Insbesondere nach dem zweiten Weltkrieg entwickelten sich die vor allem durch die Schallplatte verbreiteten Versuche, das Spiel auf „historischen Instrumenten“ mit einer durch Quellenstudium rekonstruierten Aufführungspraxis zu verbinden, zu einer Richtung, die den Anspruch erhebt, „authentisch“ zu musizieren (vgl. Dokumente VIII).

Es darf jedoch nicht übersehen werden, daß durch die Wiederherstellungsversuche des damaligen Klangbildes nicht zugleich die Auseinandersetzung mit dem geistigen Gehalt dieser Musik aus dem Bewußtsein unserer Zeit heraus geleistet werden kann. Daher ist die eher „traditionelle“ Aufführungsweise mit modernen Instrumenten auch keineswegs ausgeschaltet worden. Dies mag als Indiz dafür gelten, daß ‚Purismen‘, selbst wenn sie große Aktualität genießen, die Probleme der musikalischen Interpretation schwerlich zu lösen vermögen.

# DOKUMENTE

## I

J.N. Forkel, *Über J.S. Bachs Leben, Kunst und Kunstwerke*, 1802, S. 49/50:

Bach erkannte, daß man zum Komponieren irgendeiner Art von Anleitung bedürfe.
Als eine solche Art von Anleitung dienten ihm die damals neu herausgekommenen Violinkonzerte von Vivaldi. Er hörte sie so häufig als vortreffliche Musikstücke rühmen, daß er dadurch auf den glücklichen Einfall kam, sie sämtlich für sein Klavier einzurichten. Er studierte die Führung der Gedanken, das Verhältnis derselben untereinander, die Abwechslung der Modulation und mancherley andere Dinge mehr. Die Umänderung der für die Violine eingerichteten, dem Klavier aber nicht angemessenen Gedanken und Passagen, lehrte ihn auch musikalisch denken, so daß er nach vollbrachter Arbeit seine Gedanken nicht mehr von seinen Fingern zu erwarten brauchte, sondern sie schon aus eigener Fantasie nehmen konnte. So vorbereitet bedurfte es nun nur Fleiß und ununterbrochener Übung, um immer weiter, und endlich auf einen Punkt zu kommen, auf welchem er sich nicht nur ein Kunst-Ideal erschaffen, sondern auch hoffen konnte, es mit der Zeit zu erreichen. An dieser Übung ließ er es nie fehlen.

## II

J.A. Scheibe in der Zeitschrift *Der Critische Musicus*, 14. Mai 1737 (Wiederabdruck ebenda 1745), Leipzig:

Dieser große Mann würde die Bewunderung ganzer Nationen seyn, wenn er mehr Annehmlichkeit hätte, und wenn er nicht seinen Stücken, durch ein schwülstiges und verworrenes Wesen das Natürliche entzöge, und ihre Schönheit durch allzu große Kunst verdunkelte. Weil er nach seinen Fingern urtheilet, so sind seine

Stücke überaus schwer zu spielen; denn er verlangt, die Sänger und Instrumentalisten sollen durch ihre Kehle und Instrumente eben das machen, was er auf dem Klaviere spielen kann. Dieses aber ist unmöglich. Alle Manieren, alle kleine Auszierungen, und alles, was man unter der Methode zu spielen versteht, drücket er mit eigentlichen Noten aus, und das entzieht seinen Stücken nicht nur die Schönheit der Harmonie, sondern es macht auch den Gesang durchaus unvernehmlich. Kurz: er ist in der Musik dasjenige, was ehemals der Herr von Lohenstein in der Poesie war. Die Schwülstigkeit hat beyde von dem Natürlichen auf das Künstliche, und von dem Erhabenen aufs Dunkele geführet; und man bewundert an beyden die beschwerliche Arbeit und eine ausnehmende Mühe, die doch vergebens angewandt ist, weil sie wider die Vernunft streitet.

## III

S.W. Dehn, Ernstdruck der Brandenburgischen Konzerte, Peters Leipzig 1850, Vorrede:

Die 6 Concerte, von welchen das erste hiermit der Öffentlichkeit übergeben wird, und die übrigen bald nachfolgen sollen, sind bisher noch nicht durch den Druck bekannt gemacht worden. Der Name Johann Sebastian Bach bürgt für ihren hohen Kunstwerth und macht jede Empfehlung überflüssig. Eine Vergleichung derselben mit den besten Werken ähnlicher Gattung aus jener Zeit, zum Beispiel mit den Concerten eines Torelli, Corelli, Tartini. Vivaldi, Locatelli, Leclair und anderen führt zu der Überzeugung, daß Johann Sebastian Bach, wie in anderen, so auch in diesen Compositionen, seine Zeitgenossen weit übertroffen hat. In kunsthistorischer Beziehung dürfte die Bemerkung vielleicht nicht uninteressant sein, daß einige dieser Concerte, wenn sie nicht gar die ersten sind, doch unstreitig zu den ersten gehören, in welchen neben dem Accompagnement der Soloparthie durch Streichinstrumente, auch Blasinstrumte zur Anwendung kommen.
Die hier folgende Mittheilung sowohl des Haupttitels als auch der Spezialtitel der 6 Concerte, wie sie von Bach eigenhändig geschrieben sind, wird vorläufig schon hinreichen, um die Aufmerksamkeit

der weit verbreiteten Verehrer Bachs auf das mit vielen Opfern verbundene und daher umso bemerkenswertere Unternehmen der unermüdlichen Verlagshandlung hinzuleiten und der Herausgabe der noch folgenden Concerte als einem seltenen Schatz hohen Kunstgenusses entgegenzusehen.

## IV

W. Rust, aus der Vorrede zu den Brandenburgischen Konzerten in der Alten Bach-Gesamtausgabe, Leipzig 1869, Kammermusik 3. Band, S. XIII:

A. Allgemeines
Die vorliegenden sechs größeren Instrumental-Compositionen J.S. Bach's bilden ein von ihm selbst zusammengestelles Sammelwerk. Als Vorlage diente die wohlerhaltene Originalpartitur, ein Autograph von seltener Schönheit und hohem Werte. [ ... ] Die unter sich verschiedene, möglichst mannigfaltige Wahl der Mittel „avec plusieurs Instruments" bringt es mit sich, dass die Wahlverwandtschaft dieser Concerte, außer dem unterzeichneten Datum 1721, hauptsächlich in jener beabsichtigten Mannigfaltigkeit beruht. Sieht man jedoch davon ab, so gehören sie, der Gattung nach, Richtungen an, die auf gar sehr verschiedene musikalische Gebiete führen. Dem Orchesterstyle mehr zugewandt sind die Concerte Nr. 1 und 3, deren Hauptsätze Bach in der That als sinfonische Einleitungen zu Kantaten späterhin benutzte. Das fünfte Concert bildet als Clavier-Concert einen Nachtrag zu dem 17ten Jahrgange unserer Ausgabe. Ausschließlich Violin-Concert ist das vierte der Sammlung, während dagegen das zweite vier gleichmäßig beschäftigte concertierende Instrumente vorführt. Nummer 6 endlich neigt sich mehr oder weniger dem sogenannten Quartettstyle zu. Es werden also Gründe mehr äußerlicher Art gewesen sein, – besondere Umstände, eigenthümliche Verhältnisse –, die Bach bewogen haben mögen, sechs verschiedenartige Compositionen durch ein und dieselbe Widmung zu vereinigen.

V

Ph. Spitta, *Johann Sebastian Bach*, Leipzig 1873–80
1. Band, S. 737ff.:

Das Manuskript der Brandenburgischen Konzerte ist erhalten geblieben und mit ihm die Werke, welche das Höchste darstellen, zu dem die ältere Form des Concerts entwickelt werden konnte.
Mit Rücksicht auf die damalige Sitte würden hierunter sogenannte Concerti grossi zu verstehen sein, in denen nicht ein Instrument, sondern mehrere, gewöhnlich drei gegen das Tutti concertirten. Aber in diese Gattung passen nur allenfalls das 2.,4 und 5. Concert, das gemeinsame Merkmal, welches sie zu einer einzigartigen Einheit verbindet, ist vielmehr der zur höchsten musikalischen Freiheit entwickelte concerthafte Formgedanke.
Eine Verwendung [der Blasinstrumente], wie wir sie hier fanden, hatte sich kein anderer träumen lassen; ganz und gar wurden sie gleich den Streichinstrumenten unter das Gebot jener Bachschen Polyphonie gestellt, die alles belebt und zum eigenen Handeln zwingt.
[Zum 1. Brandenburgischen Konzert, S. 739]
Das Adagio gehört zu den leidenschaftlichsten Klagegesängen, die je geschrieben sind. Ein schneidendes, oft zum schrillen Aufschrei gesteigertes Weh tönt aus der Melodie, mit der die Oboe rücksichtslos sofort auf der Dominante anhebt, welche sodann die Quartgeige und die düsteren Bässe nacheinander sich aneignen, mit der im enggeführten Canon Oboe und Geige einander nachdrängen; traurig und still ziehen die Achtel der begleitenden Instrumente darunter her. Der Schluß, kühn und genial wie der Anfang war, zerbröckelt, gleich dem Trauermarsch aus Beethovens Eroica; das unersättliche Klagewort verstummt plötzlich, nur ein leises Schluchzen tönt durch die öden Räume.
Angehängt sind dem Concerte ein Menuett und eine Polacca, beide mit Trios. Feine, geistvolle Musik, die jedoch mit dem eigentlichen Concerte nichts mehr zu tun hat. Man liebte auch im Orchesterconcerte die Tanzsätze, obwohl diese der Idee seiner Form widersprachen. Bach hat diese Concession an den Zeitgeschmack nur hier

gemacht; da man die Tänze beliebig abtrennen kann, schädigen sie auch kaum das Werk.

## VI

A. Schweitzer, *Johann Sebastian Bach*, deutsche Ausgabe Leipzig 1908, S. 377:

Die Brandenburgischen Konzerte sind die reinste Offenbarung des polyphonen Stils Bachs. So lebendig hatte er den architektonischen Aufbau eines Stückes weder auf der Orgel noch auf dem Klavier durchführen können. Das Orchester allein gestattet ihm die absolute Freiheit in der Verwendung und Gruppierung der obligaten Stimmen.

Der Meister greift den Grundgedanken des alten Konzerts auf, der darin besteht, das Tonstück aus der Abwechslung zwischen einem großen Klangkörper, dem Tutti, und einem kleineren, dem Concertino, erwachsen zu lassen. Nur daß bei ihm das formale Prinzip zu einem lebendigen wird. Es handelt sich bei ihm nicht um ein Abwechseln zwischen dem Tutti und dem Concertino; die verschiedenen Klanggruppen stehen in innerer Spannung zueinander, durchdringen sich, heben sich von einander ab, vereinigen sich wieder, und das alles aus einer unbegreiflichen, künstlerischen Notwendigkeit heraus. Und was das Thema, indem es sich diesen Mächten preisgibt, erlebt und wird, das eben ist das Concerto. Man meint wirklich das vor sich zu sehen, was die Philosophie aller Zeit als das Urgeheimnis des höheren Geschehens schildert, jene Selbstenfaltung der Idee, wonach sich diese ihren Gegensatz schafft, um ihn zu überwinden, aus diesem Zustande heraus wieder einen neuen Gegensatz aus sich heraussetzt, ihn wieder überwindet, und so fort und fort, bis sie wieder in sich selber zurückkehrt, nachdem sie gewissermaßen durch das Leben hindurchgegangen ist. Denselben Eindruck unbegreiflicher Notwendigkeit und rätselhafter Befriedigung hat man, wenn man in diesen Konzerten das Thema verfolgt, wie es im einheitlichen Tutti zuerst auftritt, dann den geheimnisvoll entzweienden Kräften unterworfen wird und im Schlußtutti sich wieder selber erfaßt.

VII

a.a.O. S. 379: Ob die Brandenburgischen Konzerte in unseren Konzertsaal gehören? Wer einmal eines davon, etwa unter Steinbachs Leitung, gehört und die Wirkung auf die Versammlung beobachtet hat, dem wird hierüber kein Zweifel mehr bestehen. Diese Werke sind bestimmt, in demselben Sinne Volksgut zu werden, wie es die Beethovenschen Symphonien sind. Unüberwindliche Schwierigkeiten stellen sich der Ausführung keineswegs entgegen.
Für das 2. Konzert haben die Instrumentenmacher Gebrüder Alexander in Mainz eine kleine F-Trompete gebaut, auf der es einem jeden guten Trompeter nach einige Übung möglich ist, die Bachsche Originalstimme zu blasen, so daß man fernerhin die Partie nicht mehr abzuändern oder der Klarinette zu überweisen braucht. Zu letzterer Auskunft griff Mendelssohn, als er die erste D-Dur Ouvertüre aufführte. Die Davidsche Ausgabe jenes Werkes für die Gewandhauskonzerte behielt diesen Brauch bei. Die kleine, Vierfußton gebende Quartgeige, die für das erste Konzert vorgeschrieben ist, wird auch wieder ihre Vertreter finden müssen. [ ... ] das begleitende Klavier darf nicht fehlen, auch nicht bei starker Orchesterbesetzung. Im ganz kleinen Raum kann man ein Cembalo benutzen; in einem größeren nimmt man am besten ein gutes Tafelklavier oder einen kleinen Erardschen Flügel älteren Modells. Ein moderner Flügel wirkt für die Akkorde zu dumpf. Für das konzertierende Klavier verwende man ihn anstandslos, ... die Akkorde lasse man dann auf einem anderen Klavier angeben. Sehr zu empfehlen ist auch, die Bässe im Tutti durch ein Klavier eventuell in Oktaven mitspielen zu lassen, da dies zu ihrem deutlichen Hervortreten mehr beiträgt als eine übertriebene Besetzung und Tongabe der Kontrabässe.

VIII

P. Hindemith, Rede auf dem Hamburger Bach-Fest am 12. September 1950 „Über Fragen der Aufführungspraxis zu Bachs Zeit“:

Man braucht nur sorgfältig seine reinen Orchesterpartituren studieren (die Suiten und die Brandenburgischen Konzerte), um zu sehen, wie er die minuziösen Feinheiten der klanglichen Gewichtsverteilung in diesen kleinen Instrumentalgruppen genießt – ein Gleichgewicht, das oft schon bei Stimmverdoppelung durch wenige Instrumente ebenso gestört wird, als wenn man die Sopranlinien der Pamina-Arie durch einen Frauenchor nachzeichnen ließe. Wir können sicher sein, daß Bach sich überaus wohl fühlte mit den ihm zur Verfügung stehenden vokalen und instrumentalen Stilmitteln, und wenn uns daran liegt, seine Musik so darzustellen, wie er sie sich vorstellte, so müssen wir die damaligen Aufführungsbedingungen wiederherstellen. Es genügt dann nicht, das Cembalo als Continuo-Instrument zu nehmen. Unsere Streicher müßten wir anders besaiten; Blasinstrumente mit der damals üblichen Mensur müßten wir nehmen …

# ANMERKUNGEN

1 Die *Jagdkantate* wurde 1964 auf 1713 zurückdatiert [NBA I/35, Kritischer Bericht, S. 39ff. (A. Dürr)]. Entsprechend wäre die Entstehung der Sinfonia auf 1713 zurückzudatieren. Dies ist jedoch nicht geschehen.

2 Der Violino piccolo ist eine kleinere Geige, deren Saiten um eine Quarte höher als bei der Normalgeige gestimmt waren. Bach hat eine um eine kleine Terz höhere Stimmung verlangt (b f' c'' g''), und das Instrument als transponierendes behandelt, also in D-Dur notiert.

3 J.G. Walther, 1684–1748, Verwandter Bachs, Stadtorganist und Hofmusicus in Weimar. Bedeutender Orgelmeister. Verfasser des *Musicalisches Lexicon oder Musicalische Bibliothec*, Leipzig 1732.

4 A. Vivaldi, 1678–1741, venezianischer Geiger und Komponist. Er gilt als der Vollender der Solokonzertform.

5 J.G. Pisendel, 1687–1755, seit 1712 Violinist in Dresden, weiteres Studium in Paris und Venedig; führte in Dresden italienische und französische Musik ein; Bekanntschaft mit Bach seit 1709.

6 Korrektur der NBA. Es handelt sich hier um den oft zitierten, von Bach fehlerhaft geschriebenen Takt, in dem die Sechzehntel der Viola mit dem Cembalo in Quintenparallelen abwärts gehen. A. Schweitzer, [S. 376]: „Bach hat den Fehler erst bei der Reinschrift hineinkomponiert. Er bemerkte nämlich, daß die Viola nach der ursprünglichen Fassung – wir kennen sie aus Stimmen, die uns zufällig erhalten sind – mit der Solovioline in verdeckten Oktaven abwärtsstieg. Alsbald tilgte er den Lauf, den er schon in die Reinschrift-Partitur eingetragen hatte, und setzte die absteigenden Sechzehntel an seine Stelle, ohne zu bemerken, daß er damit vom Regen in die Traufe gekommen war."

7 Sohn eines ausgezeichneten, von Bach geschätzten Orgelbauers; studierte bei Gottsched in Leipzig; 1729 erfolglos bei der Wahl des Organisten an der Leipziger Thomas-Kirche. Mit seiner Zeitschrift verschaffte er sich großes Ansehen.

8 Sohn eines Schuhmachers; kam als Chorknabe nach Lüneburg und wurde 1766 Chorpräfekt in Schwerin. Er erwarb sich mit Musikunterricht die Mittel um in Göttingen Jura zu studieren, wurde dort aber Universitätsorganist und 1779 Universitätsmusikdirektor. Forkel widmete sich immer mehr der Musikwissenschaft und betrieb als erster Deutscher Musikgeschichte im neueren Sinn. Seine Vorlesungen der Musiktheorie und Musikgeschichte waren die ersten Veranstaltungen dieser Art an einer deutschen Universität. Sein Bach-Buch ist die erste Monographie über den Komponisten.

9 Wurde 1800 Direktor der „Berliner Singakademie". Er eröffnete 1807 eine Orchesterschule, gründete 1809 die Liedertafel, die Vorbild für alle späteren Männergesangvereine wurde, und gründete 1820 das Königliche Institut für Kirchenmusik.

[10] Mendelssohn hatte bei Zelter Komposition studiert; leitete 1829 die Wiederaufführung der Matthäus-Passion durch die „Berliner Singakademie".

[11] Begründer des Frankfurter Cäcilien-Vereins, führte in den Jahren 1828 und 1831 als erster Teile der h-Moll-Messe wieder auf.

[12] Privater Mitarbeiter G. Poelchaus, eines Sammlers von Autographen Bachscher Passionen, Vokal- und Instrumentalwerke, dessen Musikaliensammlung 1841 von der Berliner Königlichen Bibliothek übernommen wurde. Dehn wurde zu ihrem Kustos berufen. Er gab den Erstdruck der Brandenburgischen Konzerte zum 100. Todestag Bachs heraus. Das fünfte Konzert stellte er nach den originalen Stimmen zur Partitur zusammen.

[13] Seit 1842 Thomaskantor und bedeutender Theorielehrer am von Mendelssohn organisierten Leipziger Konservatorium.

[14] Seit 1878 Organist an der Thomas-Kirche, seit 1880 Thomaskantor, leitete die Gesamtausgabe vom 9.–28. Jahrgang. In den Vorreden zu den einzelnen Bänden erläuterte er neben den historischen auch praktische Fragen der Aufführung.

[15] Ursprünglich klassischer Philologe. 1875 Professor der Musikgeschichte an der Berliner Universität.

[16] Galt schon als Zwanzigjähriger als bester Orgelspieler seiner Zeit; 1902 Thomas-Organist in Leipzig; 1903 Übernahme des Bach-Vereins; 1918 Thomaskantor.

[17] Seit 1895 Gewandhaus-Kapellmeister in Leipzig; Nachfolger H.v. Bülows beim Berliner Philharmonischen Orchester; in Leipzig führte er die Brandenburgischen Konzerte 4 (1901, 1908), 3 (1903/1905) und 5 (1909) auf.

# LITERATUR

## 1. Ausgaben


| | |
|---|---|
| 1850 | Leipzig, Peters (Part.Nr. 261–266), Herausgeber S.W. Dehn |
| 1869 | Leipzig, Johann Sebastian Bachs Werke (= Bach Gesamt-Ausgabe, BGA), Band XIX, Herausgeber W. Rust. Aufgrund dieser Ausgabe Einzelpartituren bei Breitkopf und Härtel PB 2705–2709, 2718 hrsg. von W. Rust |
| 1905 f. | Leipzig, Eulenburg, Taschenpartituren, hrsg. von C. Schroeder (1, 4, 5), F. Steinbach (2, 3, 6) |
| 1927–29 | Leipzig, Eulenburg, unveränderte Ausgabe nach BGA, hrsg. von A. Schering |
| 1950 | Leipzig, Peters, Faksimile-Ausgabe des Autographs, hrsg. von P. Wackernagel |
| 1956 | Kassel-Leipzig, Johann Sebastian Bach, Neue Ausgabe sämtlicher Werke (= Neue Bach-Ausgabe, NBA), Serie VII, Band 2, Herausgeber H. Besseler. Als Taschenpartitur TP 9 oder einzeln TP 3–8 bei Bärenreiter Kassel-Basel-London |
| 1975 | Frühfassung des fünften Brandenburgischen Konzerts. Nachtrag zu NBA VII,2. Herausgeber A. Dürr |
| 1976 | London, Eulenburg, Revision nach Autograph, hrsg. von R. Fiske, Nr. 280, 257, 254, 281, 282, 255 |
| | Leipzig, Peters, nach Autograph revidierte Fassung der BGA, hrsg. von K. Soldan, Part.Nr. 4410–4415 |
| 1984 | London, Eulenburg, hrsg. von K. Stöckl |
| | Nr. 280, 257, 254, 255 |
| 1988 | Nr. 282 |
| | Nr. 281 i.v. |


## 2. Dokumenten-Sammlungen


Bach-Dokumente, herausgegeben vom Bach-Archiv Leipzig, Bd. I–III, Kassel und Leipzig 1963–1973


## 3. Grundlegende Biographien


J.N. Forkel, Ueber Johann Sebastian Bachs Leben, Kunst und Kunstwerke, Leipzig 1802, Nachruck: Kassel 1974

A. Schweitzer, J.S. Bach, Leipzig 1908

Ph. Spitta, Johann Sebastian Bach, 2 Bände, Leipzig 1873–1880

Ch. S. Terry, Johann Sebastian Bach, Frankfurt 1929, neue gekürzte Ausgabe 1985

## 4. Zum Konzertschaffen


Bach-Studien 6: Beiträge zum Konzertschaffen Johann Sebastian Bachs, Leipzig 1981

W. Breig, Johann Sebastian Bach und die Entstehung des Klavierkonzerts, in: Archiv für Musikwissenschaft 36, 1979, S. 21–48

W. Breig, Probleme der Analyse in Bachs Instrumentalkonzerten, in: Bericht über das Bachfest-Symposium 1978 der Phillipps-Universität Marburg (Bachforschung und Bachinterpretation heute), S. 127–136

G. v. Dadelsen, Beiträge zur Chronologie der Werke Johann Sebastian Bachs, Tübinger Bach-Studien Heft 4/5, Trossingen 1958

C. Dahlhaus, Bachs konzertante Fugen, in: Bach-Jahrbuch 1955, S. 45–72

R. Eller, Die Entstehung der Themenzweiheit in der Frühgeschichte des Instrumentalkonzerts, in: Festschrift H. Besseler zum 60. Geburtstag, Leipzig 1961, S. 323–335

R. Eller, Serie und Zyklus in Bachs Instrumentalsammlungen, in: Bach-Interpretationen hrsg. von M. Geck, Göttingen 1969, S. 126–143

F. Otterbach, Johann Sebastian Bach, Leben und Werk, Stuttgart 1982

F. Smend, Bach in Köthen, Berlin 1951

R. Stephan, Die Wandlung der Konzertform bei Bach, in: Die Musikforschung 6, 1953, S. 127–143

R. Stephan, Johann Sebastian Bach und das Problem des musikalischen Zyklus, in: Bach-Jahrbuch 1973, S. 39–52

H. Vogt, Johann Sebastian Bachs Kammermusik. Voraussetzungen, Analysen, Einzelwerke, Stuttgart 1981


## 5. Zu den Brandenburgischen Konzerten


H. Becker, Rezension der Brandenburgischen Konzerte in der NBA, in: Die Musikforschung 13, 1960, S. 115–117

H. Besseler, Die Brandenburgischen Konzerte, Kritischer Bericht zur Neuen Bach-Ausgabe Serie VII, Band 2, Kassel-Basel 1956

H. Besseler, Markgraf Christian Ludwig von Brandenburg, in: Bach-Jahrbuch 1956, S. 18–35

H. Besseler, Zur Chronologie der Konzerte Johann Sebastian Bachs, in: Festschrift M. Schneider zum 80. Geburtstag, Leipzig 1955, S. 115–128

A. Dürr, Zur Entstehungsgeschichte des fünften Brandenburgischen Konzerts, in: Bach-Jahrbuch 1975, S. 63–69

M. Geck, Gattungstraditionen und Altersschichten in den Brandenburgischen Konzerten, in: Die Musikforschung 23, 1970, S. 139–152

R. Gerber, Bachs Brandenburgische Konzerte. Eine Einführung in ihre formale und geistige Wesensart, Kassel-Basel 1951

J. Krey, Zur Entstehungsgeschichte des ersten Brandenburgischen Konzerts, in: Festschrift H. Besseler zum 60. Geburtstag, Leipzig 1961, S. 337–342

W. Krüger, Das Concerto grosso Joh. Seb. Bachs, in: Bach-Jahrbuch 1932, S. 1–50

P. Wackernagel, Beobachtungen am Autograph von Bachs Brandenburgischen Konzerten, in: Festschrift M. Schneider zum 80. Geburtstag, Leipzig 1955, S. 129–138

6. Zur Rezeption

F. Blume, Johann Sebastian Bach im Wandel der Geschichte, S. 412–447
Neue Bachforschung, S. 448–466
Umrisse eines neuen Bach-Bildes, S. 466–479
in: Syntagma musicologicum, Kassel-Basel-London-Paris-New York 1963

A. Dürr, Das Bachbild im 20. Jahrhundert, in Bachfest-Vorträge, 51. Bachfest der NBG 1976, Berlin, S. 18–36

A. Holschneider, Bach-Rezeption und Bach-Interpretation im 20. Jahrhundert, in: Musica 30, 1976, S. 9–19

## ÜBER DIE VERFASSERIN

Studium in Mannheim und Heidelberg: Schulmusik, Musikwissenschaft, Romanistik. Danach im Schuldienst tätig. 1977 Promotion in Heidelberg (Hammerstein) mit einer Arbeit über die tragédie lyrique J. Ph. Rameaus. Weitere Veröffentlichungen: Lexikon-Artikel, Monographie der *Nocturnes* von Cl. Debussy, Aspekte der Debussy-Rezeption in Deutschland zu Lebzeiten des Komponisten, Analyse des *Prélude à l'après-midi d'un faune* von Cl. Debussy.